JN070998

ライフサイクルと

礼拝と教会教育

Liturgy and Learning
Through the Life Cycle

Joh
and

ジョン・H.ウェスター
ウィリアム・H.ウィリ

荒井 仁、越川弘英

日本キリスト教団出版

目　次

装丁：ロゴス・デザイン　長尾　優

凡　例

1. 聖書の引用は基本的に『聖書　新共同訳』（日本聖書協会）に準拠する。
2. 〔　　〕は訳注を意味する。
3. 原著で強調のために斜体になっている箇所は圏点をふるか、ゴシック体にした。

略号表

BCP　　　*Book of Common Prayer*（『祈祷書』）
BOW　　　*Book of Worship*（『礼拝書』）

序

　本書は、牧師、宗教主事、典礼や礼拝に関わる人々、そして信仰教育に携わる委員会、さらに信仰教育や教理問答を通して礼拝を刷新することに関心を寄せる人々、礼拝を通して個々人と共同体の生を刷新することに関心を寄せる人々を対象に記されている。本書の著者である私たち二人は牧師であると同時に神学校における礼拝学と教育学に関わる教師である。私たちはいずれも、それぞれが属する聖公会と合同メソジスト教会という教派において、礼拝と信仰教育の刷新に積極的に関わり続けてきた。

　本書は私たちがこれまでに行ってきたもろもろの研究の中から生まれてきたものである。すでに公刊したいくつかの著作の中で私たちは教会生活の中心に礼拝を位置づけるという視点に立った理論的基礎づけを行った。これらの本において私たちは、教会の内にあっても外にあっても、礼拝こそがキリスト者の中心的課題であると見なすべき前提と理由を示した。私たちが論じたことは、教会における礼拝生活がキリスト教信仰の宣言と実践、キリスト者の形成と変容、そして牧会と魂への配慮に直接的に関わることがらであるということであった。

　たとえば、『子どもの信仰と教会（*Will Our Children Have Faith ?*）』〔J. H. ウェスターホフ『子どもの信仰と教会——教会教育の新しい可能性』奥田和弘ほか訳、新教出版社、1981 年〕において試みたことは、人々はどのようにしてキリスト教の信仰に目覚めたり成熟したりするのかといったいくつかの根本的な問いを提起することであり、それはまた暗に、なぜ私たちの中の多くの者たちがその信仰において十分な回心や成長を遂げていないように見えるのかということに関わる、根本的な問いを提起することであった。この本は、ひとつの世代から他の世代に信仰を継承し、それを支える上で、教会の礼拝が第一義的な場となることを示した。

　〔ウェスターホフの共著である〕『礼拝を通しての学び（*Learning Through*

Liturgy)』という著作では、さらに進んで、人々が自分の属する信仰共同体の礼拝生活を通してどのように学び、どのように形成されるかについて研究することを試みた。「礼拝とカテーケーシス——キリスト者の結婚」と題した章には次のような文章が記されている。

> キリスト教の誕生以来、礼拝と学びは結びつきを保ち続けてきたのだが、最近では両者の間に疎遠な関係が生じ、……両者はそれぞれに別々の道をたどってきた。そして、両者の多様な関心をふたたび結び合わせようとするくわだては、問題を混乱させ、双方の間の重要な相違をねじ曲げてしまう傾向があった。[1]

　確かに『礼拝を通しての学び』という著作は礼拝と学びを結びつけることに関心を寄せていたとは言え、私たちが意図していたのは、神を礼拝することが人々を教えるための単なる教育的な道具であるなどという主張をすることではない。

> 信仰教育の関係者の中には、「礼拝によって教育すること」もしくは「礼拝と共に教育すること」を論じ、それによって礼拝を教育的な業に還元してしまうという重大なあやまちを犯した人々が存在する。礼拝を利用することは礼拝を冒瀆することである。もちろん私たちが礼拝を通して学ぶということは事実なのであるが……。
> 私たちの儀式は私たちを根本的な方法で形作り組み立てる。しかし私たちにとって礼拝は目的であって手段ではないということが正しく理解されなければならない。[2]

　言い換えるならば、私たちは神を礼拝すると同時に、他方、「神の民」であることの意味を礼拝を通して表現し、また経験する。礼拝の目的が神への賛美と頌栄に他ならないとしても、私たちはいろいろな儀式の中で神を賛美

1　John H. Westerhoff, III in Gwen Kenney Neville and John H. Westerhoff, III, *Learning Through Liturgy* (New York: Seabury Press, 1978), p.91.

2　ibid.

序

しほめたたえると同時に、他方、私たちはそうした儀式を通して学ぶこと
になる。それゆえにカテーケーシスが二つの根本的な点において礼拝と関わ
るものであることは明らかである。すなわち、そのひとつは、私たちはカテ
ーケーシス、すなわち信仰教育を通して、人々がより意味深いかたちで礼拝
に参与できるように備える必要があるという点である。さらにもうひとつは、
私たちが礼拝する際、それらの儀式が私たちにどのように働きかけるかを吟
味することによって、信仰教育は必要に応じて、私たちの儀式を評価したり、
それを作りかえたりするための助けとなるという点である。

〔ウィリモンの著作である〕『牧会としての礼拝（*Worship as Pastoral Care*）』は、
『礼拝を通しての学び』が信仰教育と礼拝を結びつけようとしたように、牧
会と礼拝の間の結びつきを確立しようとする試みであった。『牧会としての
礼拝』の目的のひとつは以下のようなものであった。

> 本書は、「祭司としての役割」と「牧師としての役割」をよりよく統合
> しようとする努力の中から生まれた。また本書は、礼拝と牧会が互い
> に情報交換し合い、刺激し合い、深め合い、支え合うための多くの方法
> の中からそのいくつかを見出そうとする努力の中から生まれたものであ
> る。[3]

もう一度言うが、礼拝の目的（礼拝のゴールとなるもの）は神への賛美と頌
栄であることを認めた上で、それと同時にこの本では、「礼拝において私た
ちが神に出会い、神が私たちに出会う時に生じる牧会は、重要な『礼拝の副
産物』であり、私たちはそれをしばしば見過ごしにしてきたのである」[4] と
いうことを指摘した。私たちは牧師が私たちのなじんだ礼拝の諸式における
人間的な意味やその妥当性を評価するために、牧会心理学の知見を活用する
ことを推奨する。

〔ウィリモンの著作である〕『言葉と水とワインとパン（*Word, Water, Wine, and
Bread*）』において試みたことは、キリスト教礼拝の歴史、ことに聖餐と洗礼

3　William H. Willimon, *Worship as Pastoral Care* (Nashville: Arbingdon Press, 1979), p.12.
〔W. ウィリモン『牧会としての礼拝』越川弘英訳、新教出版社、2002 年、9 ページ〕
4　ibid. p.48.〔前掲書 55 ページ〕

の歴史に関する近年の結論のいくつかをまとめて、読みやすい入門書的なやり方で記すことであった。この礼拝史の本は次のような意図で書かれている。

　　キリスト教礼拝がどこに由来するものであるかを知るならば、私たちがこれからどこに進むべきなのかという方向もよりはっきりと見えてくるに違いないということを想起させることが本書の目的なのである。[5]

　この本の関心は、たんに好古趣味的な意図から私たちの過去の礼拝を復元することにあったわけではない。『言葉と水とワインとパン』の目的は牧師とキリスト教教育の関係者に対して、私たちの礼拝生活の未来に関わる信頼に足る決定を下すために必要となる、基礎的な歴史的知識を提供することだった。その点についてはこの本の「序」の部分に次のように記しておいた。

　　私たちは現代における礼拝の実験を通して、今日私たちがめざしている意義ある礼拝を実現するためには、私たちがかつて教会が置かれていた歴史的な場へとふたたび旅することが必要なのだということをしばしば見出したのである。[6]

　しかし礼拝と学びの結びつきについて論じることと、日常的なキリスト教の礼拝と教育に関する牧会上のリーダーシップにおいてその結びつきを強めていく働きとは、別個のことがらである。礼拝を牧会の重要な資源（リソース）と見なすことと、礼拝において特定の会衆のために牧会することは、別個のことがらである。そして礼拝の歴史において私たちの歩んできた道及び現在の立ち位置と未来に向かって進み行くべき方向をわきまえ知ることと、実際に未来に続く小径に私たちの足を踏み入れることとは、まったく別個のことがらなのである。
　私たちは、礼拝に関するワークショップを行ったり様々な教会を訪問した

5　William H. Willimon, *Word, Water, Wine, and Bread* (Valley Forge, Pa: Judson Press, 1980), p.7.〔W. ウィリモン『言葉と水とワインとパン──キリスト教礼拝史入門』越川弘英訳、新教出版社、1999 年、5 ページ〕

6　ibid. p.6.〔前掲書 4–5 ページ〕

りする中で、多くの牧師や信仰教育の関係者たちが礼拝の刷新という「事実」を知っており、一般的に言って、そうした改革の必要性に同意していることに気がついた。しかし原則として同意しているとしても、実際にはそうした改革がたいへん困難であることも事実なのである。言い換えるならば、私たちの目からすると、そこで求められているのは信徒と聖職者のために書かれた、キリスト教会の礼拝に関するある種のマニュアル、あるいはガイドブック的なものであって、その中には「私たちはどのようにあるべきか」だけでなく、「どのようにしてそれを実現するか」ということも含む文書であるように思われたのである。本書は個々人のライフサイクル全体と教会のためのガイドとなることを試みた著作である。誕生から死に至る歩みを人間の成長としてとらえる意識は、キリスト教の学びと礼拝をライフサイクルの全体に関わるものとして理解するという新しい概念を与えてくれた。私たちはそれぞれに内的な心理的プロセスと外的な文化的プロセスの影響の下で成長し発達を遂げていく。私たちの人生はひとつの旅もしくは巡礼であるが、私たちはそこで経験する様々な季節を何の助けもなしに通り抜けていくことはできない。私たちはまた援助なしに成熟するというわけにもいかない。歴史的な流れの中で、またいろいろな文化と共に、宗教的共同体は、その共同体と人々が生きていく上で助けを必要とするその折々に、礼拝と学びという経験を提供してきた。今日、まさにこうした伝統の豊かさが再現されつつある。それゆえに今ここで求められているのは、こうした伝統を意義深く活用するためのガイドとなる本書のような試みであると思う。

　私たちが懸念しているのは、本書がある読者にとってはあまりにも初歩的なものと感じられるものとなり、他の読者にとってはたやすく理解できないものとなってしまうのではないかということである。おそらくある特定の教派に属する著者がその教派の伝統に立つ人々のためにこうした本を書く方が容易であっただろう。だがしかしあらゆる問題を意識しながらも、私たちはエキュメニカルな著作を書くことが重要であると考えたのである。全キリスト教界が礼拝と教育の改革の中に置かれている。それぞれの伝統に立つ個々の教会はその立場においてある程度の相違を有している。私たちはしばしば異なる語彙を用いる。それにもかかわらず私たちはお互いに学び合う必要がある。私たちが希望することは、本書が様々な伝統に立つ人々の刺激となってお互いの伝統を分かち合い、共に成長することである。

　言うまでもなく、礼拝と学びを結びつけるために個々の教会でなすべきことを本書で示すなどということは不可能である。教会に属するあなたがた自身が、あなたがたの教会のこと、その伝統、その必要とするところ、そしてその個性をいちばんよく知っているはずである。それゆえにまさにあなたがただけが、私たちが本書で記す内容の妥当性を判断することができる。私たちはまたあなたがたの旅の一般的な方向性を指し示し、おそらくそこへ向かうためのいくつかの特定の道筋を提案することはできるだろうが、しかし実際にそのための精確な地図を作成し、その旅を行うのは、あなたがたの教会における、あなたがたの課題として残されることになる。本書をそうした旅への招待として手にとってほしいと思う。

本書の構成

　私たちはまず最初に二つの主要なサクラメントである洗礼と聖餐を論じることから始めて、私たちの見解と示唆を展開していくことにした。私たちはこれらの礼拝行為を第一に取り上げ、そこから他の様々な論点に進んでいく。なぜならこの二つのサクラメントこそ、人々が教会に加わる際の、また教会が人々を支える上での、礼拝における主要な出来事であると共に、その他すべての礼拝行為の規範や基準となるものだからである。この箇所には、教会暦や堅信式、聖餐式における最初の陪餐に関わることがらと同時に、青年期の人々に対する新しい儀式の示唆も含まれる。次に私たちは霊的生活に関わることがら、特に共同体及び個人の日々の祈りに触れたいと思う。さらに進んで私たちは教会で行われる牧会上の諸式を取り上げる。そこでは伝統的な牧会上の諸式と並んでいくつかの新しい諸式も提案したいと思う。すなわち、結婚式、離婚に関わる式、新生児の誕生や養子の感謝式、新しい家への引越しに関わる式、新しい聖職者の任職や祝福の式、引退、罪を告白した人の和解の式、病気の人々に対する牧会上の式、死にゆく者への牧会の式、そして死者のための式、である。本書の最初の版では私たちはある程度まで聖公会の『祈祷書（*Book of Common Prayer*）』に沿って内容を組み立てていた。本書の初版が出版された後、合同メソジスト教会はまったく新たに改訂された『礼拝書（*Book of Worship*）』を発表した。今回出版する本書の新しい版において、私たちは必要な改訂をほどこし、本書を合同メソジスト教会の『礼拝

書』に関連づけて記す機会に恵まれることになった。読者は本書の中でこの
『礼拝書』に言及した記述をしばしば目にすることになるであろう。

　読者の皆さんが礼拝という行為を、私たちが本書で示すようなかたちで、
あなたがたの教会生活における本質的なものと見なすかどうか、また礼拝の
いろいろな式の名称を、あなたがたが本書のように呼ぶかあるいは別の呼び
方をするかといったことはともかくとして、私たちが期待するのはあなたが
たが各々の教会でそれらの行為を（あるいはまた、それらによく似た行為を）
実践してくれることである。一例を挙げるならば、私たちの知る限りにおい
て南部バプテスト教会では堅信の式を実施することはない。しかし私たちの
知る限りにおいて南部バプテストのほとんどすべては、他のどの教派とも同
じように、キリストにおける成熟ということを心に掛けており、キリスト者
がそうした成熟を遂げる上で教会がいかなる援助をすることができるかに心
を砕いている。南部バプテストの中でも意欲的な諸教会では、堅信の式をそ
のままのかたちでは行わないとしても、それでも人々がキリストに向かって
成熟するのを援助するという牧会的な目的のための教育及び礼拝に関わる複
合的な諸活動を実践している。これと同じように、死者のための臨終の諸式
を持たない諸教会も存在する。しかし私たちの知る限りのほとんどすべての
牧師は死をめぐる時に関心を寄せており、そのために行動し、たいていの場
合、人々を死に備えさせるために一定の礼拝的牧会的諸活動のパターンに従
っている。

　私たちの目的とすることは、私たちが本書の中で用いる名称に倣って読者
もそれらの活動を同じ名で呼ぶべきであると信じ込ませることでもなければ、
そうした活動を私たちが示唆するようにあなたがたもなすべきであると納得
させることでもない。率直に言って私たちが望んでいるのは、あなたがたの
教会がすでに行ってきた礼拝のための備えとなる働きや教育について、それ
らを熟考するための助けとなることであり、それによっておそらくあなたが
たが自分たちの流儀ですでに実践していることがらをより良いものにしてい
くための助けとなることである。礼拝の刷新において生じるすばらしい出来
事のひとつは、他のいろいろな礼拝伝統から相互に実りのある「借り入れ」
がなされることであり、そのようなエキュメニカルな「借り入れ」によって、
私たちがお互いに豊かになることである。

　この後に続く各章の内容は三つのセクションに分かれている。

　まず最初のセクションで、**私たちは礼拝的規範に焦点をあてながら、特定の礼拝行為の歴史と神学について論じる**。この部分で私たちが試みるのは、その特定の儀式に関する礼拝史の研究者と神学者の意見が一致する主な点を簡潔に紹介することである。その儀式が何を意味するか、その儀式の由来、そして将来にわたって私たちがその儀式をどのようにとらえるべきかといったことを考える。未来について具体的に語る中で、私たちは儀式の「規範」について触れることになるだろう。私たちはこの「規範」という言葉を、エイデン・カバナー（Aidan Kavanagh）が「教会における標準的な実践と視点_{ノーマル}」という意味で用いているのと同じ理解によって使用する。あるものに対する解釈や儀式の実践に関して何が標準的なものかということを論じることで私たちが意図しているのは、教会史の中の多くの場や時代で行われてきたと思われるサクラメントや儀式の非標準的なやり方_{アブノーマル}を否定することではない。私たちが規範ということによって語ろうとするのは、儀式を解釈し実践する際の基準となるもののことである。ひとたびあなたがこうした儀式の規範を理解するなら、そこに十分な牧会的理由がある限り、またあなたがはっきりとその規範を心に留めている限り、教会で行われる儀式の実践においてあなたがそうした規範から離れるということもまた可能となるのである。

　たとえば、私たちが主日礼拝の規範は御言葉の礼拝と食卓の礼拝から構成されるべきだと主張する場合、それはキリスト者が聖餐なしで主日礼拝を行うことはありえないという意味で語っているわけではない。私たちが言わんとすることは、御言葉の礼拝と食卓の礼拝を備えた十全なかたちこそ、キリスト者の共同の礼拝にとって基準となる標準的なやり方であるという意味にすぎない。私たちがそのような基準となるものから外れた場合、責任を託された牧師とキリスト教教育の担当者は、そうした基準が重んじられるよう配慮し、基準が与えてくれる十全な信仰体験を他の方法で人々にもたらすことができるよう創造性に満ちたかたちで対処しなければならない。私たちの高校時代の英語の教師の一人が文法と統語法_{シンタックス}の規則に関して教えてくれたように、「もしあなたが十分な理由があってその規則を破っているのだとしたら、その規則は破られるべきなのである」。

　そして次に、**各章の第二のセクションでは教育すなわちカテーケーシス（信仰教育）の規範に焦点を当てる**。私たちが期待していることは、教会の礼拝委員会及び（または）教育委員会が礼拝刷新のための会衆用プログラム

を立案する際の叩き台としてこのセクションを活用してくださることである。私たちはここで、人々が定められた礼拝の実践に意味深いかたちで参与できるように準備する上で、会衆がどのような働きを共に担えるかについての一般論を示すことである。さらにまた私たちがこのセクションで意図するのは、私たちがいろいろな儀式を行う際、それによって教えたいと思うことを本当に教えることができているかという問題を暗に問うことである。換言すれば、このセクションのねらいは人々が礼拝することを援助するための方法を示すだけでなく、私たちが慣れ親しんでいる礼拝の習慣の一部を変えることによって、神学的歴史的な規範との結びつきをさらに強め、それらの儀式に参与する人々の生がより生き生きとしたものとなる方法を示唆することである。

　最後に、各章の第三のセクションで私たちはそれぞれの儀式を執り行うためのルブリク、すなわち注意書きを示すことにする。礼拝の諸儀式はシンボリックな行為である。私たちの「行うこと」がそうした式の意味を理解するためのカギとなる。私たちは、私たち自身の振る舞いを通して学ぶ。それゆえに、誰が・いつ・何を・どんな目的で行うのかを探求することは、教育と礼拝の双方の面において本質的な重要性を持っている。このセクションは牧師のためにだけ書かれているのではない。教会の儀式に参与するすべての人々は、彼らが行っていることについて、なぜそのようなことを行うのかを理解する必要がある。私たちが本書に期待することは、牧師や礼拝委員会、その他の大人たちが、信徒が礼拝に参与するためのいろいろな方法を探求する上での励ましとなることである。会衆が集う主日ごとの礼拝のリーダーシップに信徒が参与する上で、洗礼を受けたすべてのキリスト者が祭司的な働きを分かち合うことを強調することはきわめて重要な第一歩である。あなたがたの教会で行われる共同の礼拝において、実際に信徒がどこまでリーダーシップを担うべきかを考えるために、皆がこのセクションを読んで理解することが重要である。牧師は、信徒の理解と励ましがなければ、私たちがこのセクションで述べるような方法で人々をリードすることはできないだろう。事実、いくつかの教会の礼拝委員会では、礼拝のリーダーシップに関わるこのセクションを読んで、彼らの教会の牧師に対して（穏健なかたちで）異議申し立てを行わねばならないことに気づかされたという例がある。各章におけるこの第三のセクションの最終的な目的は、私たちが意図することを私たちが実践する上でどのように礼拝をリードすべきかを議論するであ

る。その目指すところは、配慮とヴィジョンを伴う私たちのリーダーシップ
を通じて、意味深いかたちで人々が礼拝に参与するように招き入れることな
のである。

改革への招き

　礼拝とは、多面的で、多様な伝達方法を用い、多くの意味を含んだ、人間
の営みである。私たちが礼拝する時、たくさんの出来事がそこで生じている。
最初に述べたように、礼拝で生じる最も基本的なことがら、そして私たちが
キリスト者として集う目的は、神の民が神と出会い、神をたたえることであ
る。しかしこのような出会いと賛美が起こると共に、他方、人々は自分たち
の行う礼拝によって形作られてもいく。私たちはいろいろな儀式を形成する。
しかしまたその儀式が私たちを根本的な仕方で形成し、さらに再形成するの
である。

　ここで問題になるのは、**どのようにすればキリスト者は最高のかたちで成
長し、また回心することができるのか**ということである。しかし、ここでは
むしろ次のような問いこそが優先されるべきであろう。すなわち、個々人の
キリスト者を形作り、また継続的に形作り続けていくために、**教会はどのよ
うに形成され、また変革されていくべきなのか**という問いである。これこそ
がキリスト教教育すなわちカテーケーシスの目標である。そして、たとえ礼
拝の目標とは言えないにしても、それが礼拝から生じる重要かつ本質的な副
産物であることは確かである。私たちが確信することは、そうした教会形成
のための第一義的な聖書的歴史的な場とは、週ごとに繰り返し行われる神の
民の礼拝であり、マルティン・ルターの言葉を借りるなら、それらの選ばれ
た民は彼らの礼拝において「常に改革され、いつまでも改革され続ける」の
である。そうした改革を通して（私たちの信じるところによれば）私たちは神
がその創造の時から私たちそれぞれに対して意図しておられたような聖なる
像 へと形作られていくのである。本書は、すべてのもの（私たちを含めて！）
を新たにされる神の再形成の業に、より生き生きと参与することへと読者を
招待するものである。

　今回の改訂された本書自体が、現代の礼拝改革と礼拝刷新運動の活力の証
言でもある。本書の旧版がこれまでに何千もの諸教会における礼拝委員会の

働きの助けとなり、また多くの様々な教派と何十もの神学校に属する神学生
や司祭や牧師たちが担う礼拝のリーダーシップという職務の支えとなったよ
うに、今回、OSL 出版社から刊行するこの改訂版もまた、少なくともさら
にもう十年間にわたって教会に資するものとなることを私たちは期待してい
る。

公現日に

デューク大学神学部で、1994 年

第1章

洗　礼──キリスト者の入信儀礼

BAPTISM: CHRISTIAN INITIATION

　　イエスの物語の初めに登場するのがバプテスマのヨハネである。この奇妙な、そして預言者的な「荒れ野で叫ぶ声」の持ち主は、長く待ち望まれていたメシアのために「道を備える」人物として描かれている。ヨハネのメッセージは単純率直である。すなわち、「メシアの到来に備えるために洗い清めを受けよ」というものだった。ヨハネの洗礼は、悔い改め、清め、そして来るべき神の国への準備としての人間の側のしるしだったのである。

　イエスがヨルダン川でヨハネに従って洗礼を受けようとした時、この儀式的な洗いの業に劇的な変化が生じた。すなわち聖霊が降り、「これはわたしの愛する子」と宣言する天の声が響いたのである。イエスの洗礼において、ユダヤ人にとって清めの儀式として知られていたこの行為は、人間の悔い改めと準備のしるしから神の啓示と臨在を示す出来事へと変容を遂げた。今や、待ち望むものはなくなったのだ──神の国はキリストであるイエスにおいて顕され、今ここにあるのだから。イエスの洗礼は新たな神の国の到来を告げる始まりの日のしるしであり保証なのである。

　しかしマタイ福音書によれば、イエスは彼の地上における働きが完了するまで、弟子たちに洗礼を授けるようにと命じることはなかった。神の国の礎を据える働き、その意味を告知する働き、そしてその存在を啓示する働きは、イエスが弟子たちを呼び集め、メッセージを語り伝え、貧しい人々や見捨てられていた人々を福音の喜びに満ちた祝宴に招き、そして十字架上の死に至るまで、実践されることはなかったのである。事実、十字架上の死に向かいつつあった時、イエスはその死を「洗礼」として語った。「わたしには受け

ねばならない洗礼がある。それが終わるまで、わたしはどんなに苦しむこと
だろう」(ルカ 12・50)。まさにそのような死、すなわち神への愛に基づく服
従としての最後の洗礼の業、そしてそれに続くイースターの朝における勝利
のしるしの後に初めて、復活のキリストは彼の弟子たちに洗礼を開始するよ
う命じたのである。「あなたがたは行って、すべての民をわたしの弟子にし
なさい。彼らに父と子と聖霊の名によって洗礼を授け、あなたがたに命じて
おいたことをすべて守るように教えなさい」(マタイ 28・19–20a)。

　イエスはたんに新しい宗教的理念や新しい社会的プログラムを語るために
やって来たわけではなく、また新しいライフスタイルを伝えるために来たわ
けでもない。彼が来たのは神の国を開始するためであり、男たち女たちをそ
の神の国のメンバーとして招くためであった。イエスは彼の告知することを
担い、彼の民を育み、彼の勝利を祝い、彼の訓練に従い、そして自らを地上
におけるキリストの体として理解するような、ひとつの共同体を造り上げた。
イエスは自ら約束した聖霊の賜物を受けたこれらの弟子たちに対して、「行
って人々を弟子とせよ、洗礼を授け、教えよ」というメッセージと委託を与
えた。洗礼は入信と回心の行為である。他方、教育はそれによって弟子たち
を形成するための継続的な行為、支援的な行為、育成の行為である。

　洗礼はサクラメントであり、私たちの内に神の救いの働きが始まることを
「水と言葉」によってしるしづける行為であると共にそれが達成される行為
である。この入信の業は一時的な儀式ではなく生涯にわたって続くプロセス
であり、(ルターの言葉を借りれば)あなたの生涯の終わりにまで至るすべて
に関わる、ただ一度にしてすべてであるサクラメントの行為なのである。洗
礼はキリスト者というものが生得的な存在ではなく、形作られる存在である
ことを示唆する。福音の呼びかけを心に留めるすべての人々に求められて
いることは、悔い改めと回心を通して徹底した服従の生涯を送ることであ
る。さらに言えば、洗礼は私たちの信仰の歩みのスタートとなるだけでなく、
この世においてキリストの働きを担うように招かれ、召され、定められ、求
められ、そして委託されている人々の集まりの中に私たちが存在することを、
全世界に向かって告知することでもある。

　　かつては神の民ではなかったが、
　　今は神の民であり、

　　憐れみを受けなかったが、

　　今は憐れみを受けている。（Iペトロ2・10）

　新約聖書の中では、どのように洗礼を授けるべきかという方法に関する問題、洗礼を受けることができるのは誰かという資格に関する問題、またいつ洗礼を行うかということに関する問題についてはわずかなことしか記されていないが、他方、洗礼の意味に関しては豊かなイメージが繰り広げられている。新約聖書において、洗礼は水が意味するあらゆることがらを反映している。すなわちそれは「洗い」（Iコリント6・11「しかし、〔あなたがたは〕主イエス・キリストの名とわたしたちの神の霊によって洗われ」）、「誕生」（ヨハネ3・5、テトス3・5）、「死と生」（ローマ6・4「わたしたちは洗礼によってキリストと共に葬られ、その死にあずかるものとなりました。それは、キリストが御父の栄光によって死者の中から復活させられたように、わたしたちも新しい命に生きるためなのです」）を意味している。

　洗礼の過程で生じる清め、誕生、回復、生と死は、個人的な体験にとどまらない。私たちはたんに感覚や思想や行為における新しいあり方に生まれかわるだけではない。私たちはひとつの家族の一員として、すなわち「神の家族」の一員として、生まれかわるのである。洗礼において私たちは孤独から解き放たれ、共同体との交わりの中に移される。洗礼を受けることは「キリストの中に」存在するようになることである。キリストの死と復活に結ばれることは、キリストの体に接ぎ木されることを意味し、それは本質において共に生きるひとつの道としての信仰に加わることを意味している。

　キリスト教の入信儀式に関する完全な記述が残されているのは、紀元200年頃にローマで書かれたヒッポリュトスの『使徒伝承』が最初である。この初期の資料によれば、通常の洗礼候補者は成人を対象としていたが、信仰を告白している両親の子どもたちが洗礼を認められ、成人よりも先に洗礼を授けられることもあった。『使徒伝承』はキリスト者の入信儀式を回心と養育の長いプロセスとして描いており、その過程において洗礼は始まりというよりはむしろ最終的な目的だったのである。

　教会への加入を求める人々は、教会の教師たちによって注意深い審査を受けた。志願者の証人（スポンサー）となった人は長く骨の折れる入信のプロセスに直面した。彼らは神の言葉についての志願者たちの知識をテストすることもあった。

倫理的基準は高かった。時にはその人にとって大きな犠牲となる生活スタイルの変化が求められることもあった。

　こうして厳格な「吟味」をパスした人々は、次に「洗礼志願者」(「神の言葉を聴く人」)と呼ばれることになった。すなわちこれらの人々は教会の聖なる物語を聴くに価する存在と見なされたのである。洗礼志願の期間は三年にわたって続いた。このように長い訓練期間の中で洗礼志願者は初めてキリスト者の信仰生活に参加し、それを実践した。彼らは主日礼拝の最初の部分である聖書朗読と説教に出席することが許されたが、まだ洗礼を受けていなかったために聖餐式の前に退出することになっていた。

　三年にわたる学びと試験の期間が終わると志願者たちは最後の厳密な審査を受け、そこで彼らの生き方が共同体の生活に完全に参与するにふさわしいと判断されたならば、洗礼を受けることが認められた。洗礼はイースターの徹夜祭のあと、夜が明ける前に執り行われた。朝の最初の光がさしそめた時、志願者は「ふさわしくないすべてのもの」を水の中に伴わないようにするため、着ているものを全部脱ぎ去った。その人の古い生に属するすべてが新たな生の中に持ち越されないようにするためである。最初に子どもたちが洗礼を受け、続いて男性、それから女性が洗礼を受けた。

　一人一人が「サタンとそのしもべたち、そしてそのすべての業」を棄てることを宣言し、その後で「悪魔払いの油」が塗られたが、それはその人が古きしがらみと完全に分離した後で水に入ったこと〔洗礼を受けたこと〕のしるしとなった。

　具体的な洗礼の行為として、志願者は三回にわたって水の中に沈められた。すなわち、「あなたは全能の父なる神を信じるか」「あなたは神の独り子、私たちの主、イエス・キリストを信じるか」「あなたは聖霊を信じるか」という洗礼における信仰告白に応答する三つの場面でそれが行われた。

　それぞれの問いに対して、志願者は「私は信じます」と答えた。水から出た志願者たちには「感謝の油」が塗られ、新しい白いローブが与えられ(「キリストという衣を身に着けて」)、司教の前に立った。司教は洗礼を受けた人々の上に手を置いて祈り、彼らに三度目の油を塗り、彼らの額に十字架のしるしを行い、そして彼らに口づけした。

　これらすべてが最終的に目ざしていたこと、そして新たにキリスト者となった人々に与えられた特権とは、会衆と共に聖餐に参与することであった。

司教によって祝福された後、新たに洗礼を受けた人々は教会のメンバーと「平和のキス」を交わしてから初めての聖餐に与ったのである。

　さてしかし、こうした古代の儀式が今日の私たちにどのような関わりを持つのだろうか。こうした初期の時代の入信儀礼のパターンから、私たちは現代のキリスト者の入信の実践について判断するための助けとなるものを学ぶことができる。洗礼についての聖書の証言と『使徒伝承』に記された入信のプロセスの双方を吟味することによって、私たちはキリスト者の入信に関する規範について語ることができるようになるのである。

　そのような規範、すなわち完全なキリスト教の入信プロセスの基は、以下の三つの次元もしくは要求が伴っている。

　第一の、そして最も重要なことは、〔洗礼においては〕キリスト者の共同体の存在と参与が本質的なものであるという点である。すでに述べたように、〔洗礼とは〕私たちが何らかの理念とか、一連の良き意図とか、あるいは新しい感覚の中に導かれることを意味しているわけではない。そうではなくて、洗礼とは私たちを、十字架に付けられてよみがえったキリストと一体にすることであり、キリストが作った共同体の一員とされることである。洗礼は入会の出来事なのである。「私的な」洗礼などというものはありえない。なぜなら洗礼が洗礼であろうとするなら、それは公的な出来事であり、共同的な出来事であり、集団的な出来事であり、家族的な出来事だからである。洗礼は、キリスト者の巡礼の旅の始まりに際し、私たちの信仰と成長が信仰共同体に負うものであることをしるしづけ、それによってこの旅路の全体を方向づけるものとなる。洗礼の働きに伴う重荷を負うのは洗礼を授ける教会であって、洗礼を受ける当人ではない。まさしく教会こそが〔復活のキリストによって、人々を〕「弟子とせよ」と命じられた存在なのである。

　古くから論じられてきた幼児洗礼と成人洗礼をめぐる議論が往々にして見当違いな論争になってしまうのは、こうした事実がきちんと受けとめられていないからである。こうした議論で中心となるのは、たいていの場合、洗礼を授けられる人物の適切な年齢とか信仰、あるいはその属性である。中世には子どもが生まれたなら、その子が死んでも救いを確かなものとするためにすぐに洗礼を授けるべきことを強調する人々がいた。宗教改革の後、いくつかのグループは、洗礼は志願者が大人になり「その〔洗礼の〕意味を本当に理解する」のに十分な年齢になる時まで延期すべきであると強く主張した。

こうした議論はいずれも洗礼における主役が洗礼を受ける人間ではなく、洗礼を授ける教会であることを忘れてしまう傾向を帯びていた。まさしく教会の信仰、目的、意向、行為こそが、洗礼における主役なのである（あるいはより適切に言えば、神が教会を通してそのように働かれるのである）。決して洗礼を受ける人物が主役ではない。私たちの洗礼は私たち自身の信仰や義、あるいは感情によるものではない。ペンテコステの日にペトロが群衆に向かって、「この約束は、あなたがたにも、あなたがたの子供にも……与えられているものなのです」（使徒言行録 2・39）と告げたように、私たちは洗礼という贈り物を受けたのである。この救いと回心と成長と命の約束は教会を通して行われる神の約束である。それは決して洗礼志願者の良き意図に基づいた約束ではない。

　実際のところ、多くの人々が、今日のキリスト者の入信儀礼に関わる主な問題とは、私たちの礼拝や洗礼志願者や教育に関わるものよりも、むしろ平均的な教会の状態に関わる問題であると感じている。私たちが実に頻繁に直面する困惑すべき問題とは、洗礼を受けた人々を受け入れる教会が、個人個人がルーズなかたちで結びついている集団にすぎないということである。そこでは個々人が他の人々の回心や養育に責任を負おうとせず、あたかも洗礼の約束を本心からは信じていないように振る舞い、また（神の恵みによって！）自分たちが「弟子を生み出す」力を有するという自負を持たないのである。このようなコンテキストのもとで私たちが行う洗礼は、（結果的に）人々を何もないところへ入会させるような出来事になるために、無意味な出来事となってしまうのである。

　これこそが、一方においてキリスト者の両親を持つ子どもたちを教会に入会させるのは何も問題がないことのように見えながら（なぜなら洗礼の約束とは契約であり、それは未来志向的な恵みに溢れた本質を持っているからである）、他方では子どもたちのためにそうした約束をしたり責任を引き受けたりする人がいないような場合、子どもたちに洗礼を授けることが決して容易ではないということの理由である。そのような場合には、私たちはこうした子どもたちが自分自身で責任を持てるようになるまで待つか、あるいは教会が子どもたちの養育に対する責任をもっと引き受けるようになるまで待つ方がよいのかもしれない。もちろんこうした場合の洗礼の拒否や延期は、洗礼志願者の側の問題というよりも常に教会の側の問題として受けとめられるべきであ

る。

　信仰と証しと配慮に富んだキリスト者の共同体の存在と参与の必要を訴える〔洗礼の〕第一の規範は、私たちがキリスト教への入信に真剣に向き合おうとするなら、教会そのものに対して新たに真剣に向き合うことが必要であることを思い起こさせてくれる。

　キリスト教への入信における完全かつ規範的な儀式に求められる第二の点は、応答的な志願者の存在である。このことは、ここで取り上げる洗礼志願者が分別のある年齢に達した人間、すなわち成人であることを意味している。洗礼を受けたキリスト者の子どもたちに洗礼を授ける習慣が歴史上のきわめて早い時期から存在したことは事実だが、通常のキリスト教への入信は成人の志願者を対象とするものであった。『使徒伝承』に見られる入信儀礼の記述が明らかにすることは、洗礼は未来における約束や神の一方的な恵みだけを告げる出来事ではなく、そこにはまた今現在における回心、過去の放棄、そして悔い改めや変化や学びも含まれていたということである。キリスト教に入信することは、キリストの弟子となることの代価がいかなるものであるかを知り、喜んでその代価を支払う者となることを意味した。こういうわけで成長した大人の志願者は、洗礼が要求する死と再生のための最も望ましい候補者だったのである。

　他方、〔洗礼において〕成人の志願者が規範であり標準であるということは、キリスト者の親のもとにある幼児や子どもたちへの洗礼が禁じられるべきだということを言わんとするものではない。実際、私たちはこうした実践〔幼児洗礼〕が今後も継続すると思っているし、多くの場合において望ましいことであるとすら考えている。大半のキリスト者の共同体にとって、子どもたちを信仰生活への完全な参与から律法主義的にしめだすべきであるなどということは思いもよらないことである。家族の食卓に驚きと喜びを持って参加する子どもたちの感覚、そしてそれと共に子どもたちの持つ無力さや依存性は、子どもたちを神の家族の生活や食事に完全に参与するにふさわしい候補者とする。イエスご自身が子どもたちこそ神の国における第一級の市民であると語ったではないか。自分たちの子どもの信仰に対して十分に責任を負い、子どもたちを回心させ、子どもたちを養育することのできる教会は、子どもたちに洗礼を施すべきである。キリスト教の入信にまつわる真の問題は、「彼もしくは彼女が洗礼を受けるためには何歳になっていなければならない

か」ということではない。そうではなくて、「どのようにすれば私たちは最
善のかたちで人々を信仰へ導き、回心させ、養育することができるか」とい
うことこそ問題なのである。私たちはたんに私たちの入信儀礼の適正性を判
断するのに用いるべき規範や標準を確認しているにすぎない。おそらくキリ
スト者の親のもとに生まれた幼児への洗礼の実践は、正当な牧会上の理由か
ら行われていた〔洗礼は成人に対して行うという〕本来の規範から外れた牧会
的な適応もしくは牧会的な逸脱を示すものであろう。しかし今日の私たちが
規範から逸脱しようとする場合、責任あるキリスト者には「その規範におい
て問題となっていることは何か」を知り、また「私たちの良き意図に基づく
逸脱が、教会の証言を歪めたり個々のキリスト者の養育を阻害したりする偽
りの実践に陥ったりしないために必要な条件は何か」を知ることが求められ
る。信仰を前提とする洗礼（成人洗礼）と幼児洗礼にはそれぞれに重要な真
理が含まれている。信仰を前提とする洗礼が私たちに教えることは、洗礼と
はサクラメントであってマジックではないこと、それは成熟した道徳的な応
答と信仰を要求するものであるという理解である。幼児洗礼が教えることは、
共同体の信仰が私たちの信仰に先行するものであり、神の業が私たちの応
答に先んじるものであり、そして洗礼は信仰の賜物をもたらすものであって、
私たちがその中で生きるのに必要とする現実を伝えるものであるという理解
なのである。

　キリスト教への入信における第三の本質的な点は、水である。ヒッポリュ
トスの伝える洗礼のかたちとは「生きた水」に全身を浸すことである。水の
量そのものが洗礼の本質ではないにせよ、そこで用いられる水の量はその後
の成り行きに大きな影響を残す。とりわけ私たちが洗礼式を理解したり、そ
れに参加する上で大きな影響を及ぼすのである。私たちが洗礼で用いる水の
量が減少すると共に、私たちの洗礼の神学も衰弱してきたと論じることがで
きるかもしれない。パウロの洗礼の神学に見られる「死と生」の豊かな象徴
性を伝えるという点では全身を水に浸ける浸礼形式にまさるものはないが、
その一方で水を注ぐ形式は罪を洗い清めるという象徴性を表現している。聖
公会の伝統では水を振りまく形式は受け入れられていない。なぜならそれは
ほとんど象徴的な価値を持たないからである。他方、合同メソジスト教会は
今なお、水を振りまく形式、水を注ぐ形式、そして全身を水に浸す形式の三
つの方法の使用にこだわり続けている。

　教会とは、「水と御言葉」によってキリストの体とされた人々の集い以外の何ものでもない。洗礼はキリストの共同体というコンテキストの中で、主とキリスト者との一致を明らかにすることによって、キリスト者を造り出す。

　私たちが本書の最初に洗礼を取り上げた理由は、それがキリスト者の入信儀礼であり、教会への入り口であり、そのためのサクラメントだからというばかりではなく、洗礼はまた私たちの救いがどのようにして成就するかを示すしるしだからである。洗礼に至る歩みが何歳の時点で始まったとしても、洗礼とは、（私たちの救いに関する限りにおいて）私たちは常に他者に依存する貧弱な子どもにすぎず、信仰において私たちを生涯にわたって支え育んでくれる他者を頼りにしなければならない存在であることを示す、可視的なしるしなのである。

　洗礼は最初のサクラメントである。それはたんにその他のサクラメントに与るための前提条件ということではなく、すべてのキリスト教の礼拝が、日常生活に関わる物質を通して、また普通の人々の愛の中で、主が私たちにご自身を与えてくださる共同体的な行為であることを思い起こさせるものである。ここでいう普通の人々とは、彼ら自身が水の洗いを受け、生まれ変わり、新たなものとされ、葬られ、そして復活して、それによって今度は彼ら自身が他の人々に神の国における生を宣べ伝えるものとなった人々のことである。教会に求められる緊急かつ優先すべき課題として洗礼に優るものはない。人々を神の民として名づけ、主張し、回心させ、宣言し、解放する、この福音的かつ宣教的な業において、私たちは教会に託されたメッセージであり、使命であり、そして命令である「あなたがたは行って、すべての民をわたしの弟子にしなさい。彼らに……洗礼を授け、……教えなさい」という御言葉の最初であり最後であるものを目にするのである。

洗礼の信仰教育

　信仰教育と礼拝は密接な関係を持っている。どちらもキリスト者の共同体によって、またキリスト者の共同体のために行われる牧会的な働きである。礼拝は人々の毎日の生活や業に関わるものであると共に、共同体の神話を人々が表現するための儀式もしくは繰り返し行われる象徴的行為に関わっている。言うまでもなく、礼拝におけるこうした両者の働きは相互に関連し合

っている。私たちの象徴的行為は私たちの信仰、心構え、ライフスタイルを生み出し形成する。反対に、私たちの信仰、心構え、ライフスタイルは私たちの儀式において表現される。信仰教育（カテーケーシス）とは字義通りに言えば「響かせる」ことを意味している。それはこの場合、御言葉を繰り返すことであり、イエスを「再生産する」こと、またキリストのような人間を造り出すことである。信仰教育とはそれによって私たちがキリスト者を形作っていくプロセスのことなのである。信仰教育はこのように意図的に行われる生涯全体に及ぶ相関的なプロセスから成っている。すなわちそれは形成であり、信仰によるキリスト教的生活への参与であり実践である。それは教育であり、あるいはまた私たちの生を福音の光のもとで批判的に吟味することである。さらにそれはキリスト教的な生に関わる技術を教え訓練することである。こうした形成の中には、教会という環境やそこで行われる儀式に参加すること、〔キリスト教的なかたちで〕時間の秩序を改めること、生活や修養やロールモデルや人間関係や言語を新たに組織し直すことが含まれる。礼拝の信仰教育は儀式と日常生活の双方の面に関連して人々をより意味深く真実な礼拝へ導くものとなる。礼拝の信仰教育は人々が教会共同体の諸儀式に意識的かつ積極的に、そして心を込めて参与するための備えとなる。また礼拝の信仰教育は人々が神を知る知識において成長し、より密接な神との関係の中で生活し、この世にあって神と共により真実に行動するための助けとなる。このようにして信仰教育は人々が彼らの儀式を理解し、評価し、改革するための助けとなるのである。さらに儀式と日常生活が私たちを信仰と真実における成長を望む方向へと導く限りにおいて、信仰教育は礼拝そのものから湧き出てくるのである。意味深い礼拝を実現するためには十分な知識を備えた会衆の参与が求められる。そして真実な参与はより深い理解を求める。こうして礼拝と信仰教育は互いに助け合うものとなる。

　本書では、「信仰教育（カテーケーシス）」という用語は、**人々がキリスト教的生活に関して礼拝の要求することがらを理解するために、また教会の礼拝生活に意識的積極的に、また心を込めて参与することに備えるために、その助けとなる牧会的な諸行為**という意味で用いられている。この点に関して礼拝の信仰教育は以下のような三つの重要な貢献をもたらすことになる。

　まず第一に礼拝の信仰教育は、人々が彼らの行っている儀式の本質について、そしてそれらの儀式によって表現される信仰内容や態度やライフスタイ

ルについて、省察し理解する機会を提供することになる。（このことは各章の
セクションのいずれかにおいて「信仰教育と○○」というタイトルのもとで考察
する。）

　第二に礼拝の信仰教育は、共同体の儀式において、それが（たとえば礼拝
全体の中の「御言葉の礼拝」において、結婚の礼拝の中の説教において、そして
「和解の式」の中の赦しの言葉の前の場面において）一定の意図のもとで行われ
る時、参加した人々に意味深い学びの経験を提供する。（このことは「○○の
際の信仰教育」というタイトルのもとで考察する。）

　第三に礼拝の信仰教育は、人々が特定の共同体の儀式に意味深いかたちで
参与することを備えるための良い機会を提供する。（このことは「○○に向け
た信仰教育」というタイトルのもとで考察する。）

　各章の信仰教育に関するセクションにおいて、私たちは課題と規範の双方
を探求する。私たちは信仰教育の課題もしくはその「内容」に関わる課題を
確認する。同じくまた信仰教育のガイドラインもしくは学びのプロセスにつ
いても考察する。こうしたガイドラインもしくは規範は一般化されたかたち
で示されることになるだろう。しかし特定の人間の特定の状況は例外的な対
応を要求することもある。ひとつの規範と特定の状況が葛藤を引き起こすよ
うな時、教会は恵みの原理——すなわち解放と和解をもたらす愛——に立っ
て真実な応答のもとで牧会的な決断を下すことが求められるのである。

　私たちはほとんどの章で良き信仰教育の具体的な実例を挙げるが、いずれ
のケースであれ、私たちはそれによって何か固定的な信仰教育のプログラム
を提示しようと意図しているわけではない。むしろ私たちが願っているのは、
それによって課題を明確化することであり、信仰教育を展開するためのガイ
ドラインを提供するということにすぎない。意味深く信頼するに足るカテー
ケーシスは人々の生活の中から現れる。それぞれの教会の会衆が、自分たち
の礼拝における真実のカテーケーシスを計画し、デザインし、実践するため
に、その責任を引き受けることが求められているのである。

信仰教育と洗礼

　洗礼がふたたびキリスト者の入信儀礼における唯一の中心的な儀式となる
ためには、信仰教育に関わる多くの課題が取り上げられなければならないこ
とになるであろう。教会に関わる多くの人々が、洗礼とは赤ん坊が当然受け

るべきプライベートな「家族の出来事」であって、それによって魔術的な仕方で（「罪の赦し」とか「永遠の命」という言葉で理解される）救いが個々人の上にもたらされる出来事であると思い込んでいる。また他の人々は、洗礼とは、（通常は成人が、しかし時には子どもや青年であっても）突然の劇的かつ感動的な回心体験を経て、個人的かつ私的にイエス・キリストを「主」また「救い主」として受け入れることであると考えている。近年では洗礼に関わる真剣な信仰教育がほとんど行われなくなったために、多くの世俗的習慣が出現してきた。洗礼という重要かつ根本的なサクラメントを改革し復興させるためには、唯一、教区が大規模なかたちで意識的に信仰教育のプログラムに取り組むことしかない。そうしたプログラムが公式のものであると非公式なものであるとにかかわらず、その特定の課題は人々が何を考えるべきか、そして人々がどのように感じとるべきかという両方の問題に向けられなければならない[1]。これらの課題には以下に挙げるような多元的な内容が含まれている。

　すなわちそれは、洗礼は成人洗礼を基準とすべきであって、例外は信仰者の子どもたちにのみ認められるということ。それによって人々がキリスト者とされる方法としての洗礼の神学的重要性。当事者もしくはその家族が参加する礼拝の共同体において執り行われる、儀式としての洗礼が有する共同体的かつ公的な性格。洗礼は聖餐を含む礼拝全体に参加する権利と共に、教会における完全かつ包括的なメンバーシップを与えること。長期間にわたる誠実な教会への参与の本質的重要性。会衆によって選ばれ、洗礼の事前及び事後の信仰教育を引き受け、また信仰の旅路を歩む同伴者としての「証人（スポンサー）」（子どもへの洗礼の場合は「教父母（ゴッドペアレント）」）の重要性。洗礼はただ一度であり繰り返されることはないということ。そして洗礼の際の約束は継続的に刷新され、生涯にわたる信仰教育が必要であること。こうした課題のすべてが教会における洗礼の信仰教育プログラム全体の中で明らかにされなければならない。

　洗礼に関する信仰教育の重要なプログラムを確かなものとするために、若

---

1 *Remember Who You Are: Baptism and the Christian Life* (Nashville: Abingdon Press, 1980) by William H. Willimon (with educational guide by John H. Westerhoff, III).〔W. H. ウィリモン『洗礼——新しいいのちへ』平野克己訳、日本キリスト教団出版局、2006 年〕本書は洗礼の現代的な意味や諸問題を探求したい個人や教会（教区）にとって、役に立つ資料となるであろう。

干のガイドラインを示唆しよう。

　しっかりした信仰を持った信徒たちを選び、洗礼に備える人々のための教育者（カテキスト）のグループとして育成する。これらの信徒たちには次のようなことが求められる。すなわち、洗礼についてきちんとした歴史的神学的理解を持ち、洗礼の儀式についても理解していること。聖書、教会史、神学、倫理をしっかりわきまえていること。信仰及び実生活において成熟していること。個人として霊的修養を積んでいること。そして礼拝的な指導や相談に与る能力を有すること。教会がこのような信徒奉仕職のための重要な能力を涵養するためのプログラムを持つことは、ここで必要とされるすべてのプログラムの中でまず最初になすべきことである。

　子どもや青年や成人といったすべての人々を対象として、黙想の場や愛餐の場で行われる、またニュースレターや講義、チラシ、説教、非公式の催し物などを通して行われる、長期間の組織的で支援的な教会のプログラムを展開する必要があるだろう。いずれかひとつのプログラムや広報活動を行うだけでは不十分である。何年間にもわたる全力を挙げた関与が欠かせないのである。

《例》

　年に一回、教会全体で洗礼に関する祝会を開催することが考えられる。たとえば公現日後の主日にこうした祝いを行うことができるだろう。祝会では、どの年齢層にも適した絵画やその他様々な教材を用いて世代間の交流がはかれる活動を行い、洗礼の様々な側面とその意味を明らかにできるようにするとよい。

洗礼の際の信仰教育

　洗礼が行われるたびに、その日の聖書日課の照らしのもとで洗礼の意味と重要性に関わる説教や奨励がなされることが望ましい。説教や奨励は常に、「ケリュグマ」（回心のための宣言）と「ディダケー」（養育のための解釈）の二つの面において信仰教育の機能を果たすものであると理解されてきた。少なくとも洗礼が行われる主な五つの機会（復活徹夜祭、諸聖人の日、公現日後の主日、聖霊降臨日、主教訪問日）においては、説教と奨励は洗礼とは何かを明らかにすることに焦点を置くべきであろう。

《例》

　洗礼のたびに小さな四ページ立ての教育的ガイド（チラシ）を会衆に配る。それは信徒の手によって書かれたもので、洗礼の本質と意味について、洗礼の儀式について、私たちが洗礼の時にした約束を再確認すべきことについて、そして教会とこの世における私たちの生に対して洗礼が持つ意味について記されている。その中のいくつかは特に子ども向けに書いてもよいだろう。時間が経つとこうしたパンフレットを集めて、洗礼の信仰教育に用いるための小さな本を作ることもできるようになる。

洗礼に向けた信仰教育

　洗礼の信仰教育に関わる二つの形式が整えられなければならない。第一は成人の洗礼準備のためのものであり、第二は洗礼を受ける子どもの親たちのためのものである。

　成人の求道者のための準備期間においては、キリスト者の共同体が一定期間に及ぶ真剣で厳粛な責任を負うことになる。それは三つのステージに分けることができる。まず求道者以前の時期として、自分自身が本当にキリスト者になることを望んでいるのかを決断するまでの問いの時期と呼ぶのがふさわしいステージがある。それはキリスト者の共同体に魅力を感じている人物が、自らの入信の動機づけを吟味し検討するように促される時期であって、そこではその人が自主的に、キリスト者の生活の意味をきちんと探求することができるように配慮されなければならない。

　求道者となるための登録は、主日礼拝における公の儀式的行為によって祝福される。この時に教会が選んだ「証人」（スポンサー）がその求道者を会衆に紹介すると共に、この準備の期間を通じて求道者と共に歩む責任を担うことを告げる。この第二のステージで求道者に求められることは、規則的に礼拝に出席すること、旧新約聖書に示された救いの歴史についての知識を学ぶこと、祈りと瞑想による霊的生活における成長、そして福音にふさわしいキリスト者としての奉仕と社会的行動の生活を実践することである。求道者としての承認の後、その人々はキリスト教共同体の一員と見なされる。この準備のステージの期間は個々人のニーズに応じて様々であり一定していない。

　第三のステージは洗礼の候補としてのステージである。洗礼の行われる何

週間も前から、洗礼候補者と「証人（スポンサー）」は、霊的かつ感情的にその候補者を洗礼に備えさせるために、断食や祈り、そして内面の吟味といった私的な訓練を行う。

　洗礼後の第四の時期においては、新たに受洗した人々がサクラメントの意味を理解したり、教会の共同体的な生活に十分に触れたりすることを援助するために、公式非公式のいろいろな取り組みが行われる。

　成人のための洗礼の信仰教育として必要となる課題については、以下のような項目を示唆しておこう。

　私たちが必要とするのは、信仰教育と宣教の関係を理解することである。そうした理解は、信徒の信仰教育指導者によって導かれる教育プログラムを発展させることにつながることだろう。そうしたプログラムにおいて私たちは、人生の危機や移行期にあるために、もしくは人生におけるその他の重大な出来事のゆえに、キリスト教信仰に対して心を開いた未受洗の成人たちに向けて福音を宣べ伝え、それらの人々と信仰を分かち合うことになる。

　私たちが必要とするのは、洗礼を望むいろいろな個人といろいろなグループのためのプログラムを発達させることである。それによって私たちは、それらの人々が求道者として登録された後、一定期間に及ぶ（標準的には一年間）意味深いプログラムを提供することができるだろう。その中には、「証人（スポンサー）」と共に行われる、規則正しい礼拝への参与、霊的生活の修養、聖書研究、内面の吟味、洞察、そしてキリスト者としての奉仕や働きといったことが含まれる。

　信仰的な関与を深め、洗礼の信仰教育における最終場面に進むことを望む求道者に対しては、そうした特別な必要に応じて、レントの期節にキリスト者の業に関する集中的なプログラムを整えるべきである。

　最後に、私たちが必要とするのは、サクラメントの神秘、神の信的体験、そして神の国のための社会的な奉仕と行動といったことがらについての洗礼後の信仰教育である。

　幼児洗礼を適切なかたちで執り行うためには、数多くの信仰教育の課題に直面しなければならない。

　洗礼は子どもに必要不可欠なものでもなければ、子どもの権利でもない。それは神からの贈りものであって、決して私たちの獲得物ではない。子どもへの洗礼は、少なくともその親の一人がすでに洗礼を受けた自覚的なキリス

ト者であって、一定期間にわたる真剣な洗礼準備プログラムに参加する意志を持った人物である場合に限って行われるべきである。そうした教育プログラムは、親たちに幼児洗礼という行為の重大性とそのために必要不可欠な訓練を理解させる助けになると共に、他方、子どもが自分自身で決断を下すことができるようになるまで待つという合理的現実的な選択肢もあることを、理解させる助けとなるように整えられる必要がある。どのような状況のもとで誰に対して洗礼を行うことができるかを、その教会が判断できるようなガイドラインの枠組みが策定されるべきである。

　これと関連して、幼児洗礼に関する信仰教育で不可欠なのは、「教 父 母」もしくは「証 人」を立てること、そしてそれらの人々が子どもへの洗礼の責任を引き受けることである。そうした人々は、たんに子どもの家族の友人であるというだけでは不十分であって、自覚的なキリスト者であること、信仰と経験において成熟した人間であることが求められる。

　おそらく最初にまず子どもの誕生もしくは養子縁組を祝う式（これについては本書 149 ページ以下参照）を行い、その式の中で数か月後の洗礼を目指して親たちを準備させる「証 人」を立てる方がよいだろう。

　洗礼の準備はその夫婦の最初の子どもに対してだけ行われる出来事ではない。それはその後に生まれてくる子どもたちに対しても必ず行われなければならない。同様にその家族の他の子どもたちに対する信仰教育も、それらの子どもたちが自分の受けた洗礼の意味を理解する助けとなるように準備されるべきである。

　会衆がその教会で洗礼を受ける子どもたちに対する責任をきちんと引き受けるようになるために、最低でも、年に一度の企画あるいは一連の連続的な企画として、できればレント期間中に、教会の全メンバーを対象とするイベントを実施しなければならない。さらに「証 人」の責任感を高め、彼らを通して親のための重要なプログラムを展開する必要がある。そうしたプログラムの内容として、週ごとの礼拝や祈りの会や交わりの会に規則的に出席すること、洗礼の意味について話し合うこと、霊的な旅路の歩みについて、祈りや聖書に親しむ信仰生活について、またこの世界におけるキリスト者の生き方について探求するといったことが含まれる。こうした準備を経た後に初めて、人々は彼らの子どもたちの洗礼の時に自分自身の洗礼の約束を更新できるようになる。洗礼の後、親たちが彼らの誓いを果たそうとするなら、子

どもたちの霊的成長に焦点を置き、それに必要な方法を示すもうひとつのプログラムを整える必要がある。

《例》

　教会は毎年、洗礼を受けた就学前の子どもの親たちに向けた修養会を行うとよい。こうした集いは、子どもの養育の実践、家族生活でのいろいろな活動、そして家庭における儀式といったことについて話し合う場となり、親たちが彼らの信仰を子どもたちと分かち合ったり、その信仰と神への誠実を高めて元気づけるような家庭生活を形作っていくための助けとなるだろう。

洗礼に関するルブリク

　教会の会衆と洗礼志願者の双方に対する適切な準備が本質的重要性を持つ一方で、私たちは、キリスト教の入信儀式をしっかりと祝うことこそがキリスト者の生涯における洗礼の中心性を再発見するための最上の方法であると確信している。(この章の最初の部分で述べてきた) 洗礼の規範が示すのは、次に掲げるような洗礼の式に与る礼拝のリーダーと参加者たちのためのガイドライン、すなわちルブリクである。

　誰であれ（非常な緊急時のケースを除いて）教会から離れて洗礼を受けることはできない。教会は洗礼の執行主体であり、教会への加入の式という理解を除いてしまえば、洗礼はほとんど意味のないものとなってしまう。洗礼候補者のための信徒の「証人^{スポンサー}」は、すでにその候補者の洗礼以前の教育に関わった人か、あるいは洗礼後の教育に主たる責任を持って関わろうとする人であることが望ましい。そしてその「証人^{スポンサー}」が候補者を教会の会衆に紹介するのである。幼児洗礼の場合、子どもの親以外の誰かが、その子が洗礼を受けるにふさわしいと証言するというやり方は優れたアイディアである。合同メソジスト教会の新しい式文では、信徒の牧会的働きの証しとして、多くの信徒が受洗者の上に手を置くことへ招かれるべきことを示唆している。また信徒は洗礼候補者に対して、洗礼の際の自らの経験や信仰について証言することへと招かれている。教会によっては、子どもたちを洗礼盤のまわりに集めて洗礼を見守らせ、歌をうたって受洗者を歓迎させるという形で会衆に参加させている。

　時として、重い病気や衰弱のために主日礼拝に参加できない洗礼志願者のために、病院や家庭で洗礼が求められる場合がある。そうした洗礼も、規範的な洗礼の方法に対する牧会的な例外として、喜びをもって執り行われるべきであろう。ただしあくまでもそれは例外的な状況のもとで行われるものであり、それを「私的な」洗礼、あるいは死に臨んだ人が「救われる」ために病床で行われる「緊急洗礼」のような姿勢で行ってはならない。教会には「私的な」洗礼は存在しない。洗礼とは、人々が地獄に落ちることを防ぐために行われる、魔術的な個人のお清めのようなものではない。そのような考えは牧会的な益となるよりも、さらに大きな問題を引き起こし、神の恵みの曲解やキリスト教への入信式である洗礼の歪曲を生むことになりがちである。病院や家庭で洗礼を行う場合、牧会的な配慮と共に、信仰共同体全体の存在と参加を可能なかぎり表現するために、なるべく多くの教会を代表する人たちの立ち会いのもとで行われなければならない。

　いずれの教会も受洗者個人の契約と会衆全体の契約との結びつきを目に見えるかたちで表現するための手段を模索するべきである。一年間の様々な機会をとらえて、新たな受洗者を迎えた後、洗礼を祝う集いを催し、その中で教会のすべての会員に対して洗礼の誓いの更新式に参与するよう招くことも考えられる（洗礼の更新に関するいろいろな式文については、*BOW*, pp.81–117 参照）。このような洗礼の更新式は、洗礼が一過性の出来事ではなく、生涯にわたって続く長いプロセスであることを教える。洗礼の誓いの更新のやり方としては、洗礼盤の水を会衆に振り掛ける方法もあれば、あるいは洗礼の更新を望む人々の額に手を触れて、一人ずつに「あなたの受けた洗礼を思い起こし、感謝しなさい」という言葉を繰り返す方法もある。

　米国聖公会の『祈祷書』（1979 年版）は賢明にも、たとえ新たな洗礼候補者がいない場合であっても、教会暦のいろいろな期節に会衆が参加する洗礼を祝う集いを行うことを示唆している。教会に新生児や受洗志願者がいない時も、信仰の旅路を歩む共同体全体が洗礼の継続的重要性を振り返るために、また洗礼の際の契約を持続的に刷新することで私たちの洗礼を生きたものとする必要を振り返るために、こうした機会を見のがすべきではない。〔そうした教会暦の期節の中で、〕復活祭（イースター）は洗礼の祝いを行う主要な機会であって、洗礼が死と復活に結びついた出来事であることを思い起こす時となる。聖霊降臨日（ペンテコステ）は、洗礼における聖霊の授与という側

面を強調する機会を提供する。公現日後の主日はイエスの洗礼に焦点を当て、「キリストの働きに参与せよ」という私たちに対する呼びかけと委託としての洗礼の意味を明らかにする。諸聖人の日には、私たちは諸聖人との交わりに与ることとしての洗礼の意味を注視する。聖公会の場合、主教訪問日は洗礼式を執行し、またそれを想起する機会となり、洗礼を教会への加入の式として意識する機会となる。

　ある家族が子どもに洗礼を受けさせる場合、それは家族の 私 的 (プライベート) な営みにとどまるものではないがゆえに、教会の求めるところに応じて洗礼式の日時を調整することは避けられない。それは神の家族全体の、すなわち教会の祝いの式なのである。

　洗礼を 私 的 (プライベート) な個人的営みと見なすことには異議を唱えざるをえないが、他方、洗礼が深い意味において個々の人格に関わる出来事であることもまた私たちはわきまえなければならない。洗礼候補者にクリスチャンネームが与えられる場合には、洗礼式の中でその名前が用いられる（日常の姓は使わない）。洗礼候補者の中には、この時に自らの信仰を証ししたり、教会のメンバーにそれまでの受洗準備の期間の支えや導きを感謝したりすることを希望する人もいる。すでに述べたように、信徒の「証 人 (スポンサー)」がその候補者の信仰的成長について語ることもあるだろう。洗礼の際に候補者に贈り物が渡されることもある。洗礼の伝統的な贈り物としては、大きなロウソク（「あなたがたは世の光である。あなたがたの光を輝かせなさい……」）や白いガウン（「キリストを着なさい」）があるが、それはキリストの弟子であることを表す豊かなシンボルである。子どもや新生児への洗礼は例外的な性格を有するものであるがゆえに、私たちは受洗した子どもたちがこの重要な出来事の意味を理解しつつ成長していくのを助ける方法を模索する必要がある。幼児洗礼の様子を記録した音声や文書は、彼らの親が洗礼の際に行った子どものための誓いを子どもたちに想起させる重要な手段となるだろう。式をつかさどる牧師が受洗日の出来事やその重要性について記した手紙を子どもに書き送るという方法もある。そうした手紙を洗礼の場で読み上げ、封をして、その子が自分でそれを読めるようになる時まで保存することも考えられる。一人一人の受洗日を年ごとに記念し、礼拝の中でそれらの人々を覚えて祈るということもありえよう。

　洗礼の後、教会の会衆が新たに洗礼を受けたキリスト者を歓迎する機会と

して、伝統的な「平和のキス」を行う場合がある。その時に信徒のリーダーが、新しい受洗者に会衆の中で何か特別な役割を果たすことを依頼することも考えられる。続いて、新たな受洗者が（洗礼式の直後に行われる）聖餐のためのパンとブドウ酒を聖餐卓に備える奉献の役を担当してもよい。礼拝の後に新しい受洗者とその家族を覚えて愛餐の機会を設けることは、新しく受け入れられた人々にとってその日が特別な一日であることを記念するための良い方法となるだろう。

　最後に、最近のすべての洗礼の式文は大量の水を用いること、また司式者が洗礼の豊かで多面的なイメージを大胆に表現する試みを行うことを求めている。洗礼盤は会堂の片隅に追いやられるべきではなく、信仰における誕生と人生の目に見える記念として、それにふさわしい位置に置かれるべきである。古代の習慣に倣って洗礼盤を教会の玄関の扉あたりに置き、神の民の集いへの入り口を象徴させる方法は意味深いやり方に思われる。多くの教会では従来のものよりももっと大きな洗礼盤を用いる必要があるだろう。しかしたとえ用いる洗礼盤が小さなものだったとしても、牧師の工夫次第では、洗礼の間にしっかりと水を見たり、その音を聞いたり、それに触れたりすることができるようになるはずである。式の始まりの場面で、水差しから洗礼盤に水を注ぐという方法もある。教会の洗礼盤がごく小さいものだったり銀製のボウルのようなものだったりすることもあるだろうが、私たちは大きな陶器の鉢がすばらしい「洗礼盤」となった例を見た経験がある。たかが水のことで恐れを抱くことはない。洗礼志願者は信仰的にも身体的にも水に浸されるべきなのである。たとえ司式者がその過程で多少濡れるとしても！　ローマ・カトリックや正教会の伝統から離れた多くのキリスト者は、あまりにも長い間、サクラメントの象徴的な力に不信感を抱き続けてきた。私たちはサクラメントを、身体的可視的感覚的なものとしてよりも、言語中心的かつ無味乾燥なものとしておずおずと執り行ってきた。そうすることによって私たちは会衆がサクラメントの経験から受けとる力と恵みを弱めてきた。洗礼は、私たちがあまりにも長い間、避け続けてきたサクラメントの豊かさと力を再発見するための、最初の一歩を刻む良き課題となるであろう。

　そのように意図的で注意深い、そして大胆なキリスト教の入信式の実践によってのみ、私たちは福音が要求し、またこの世が必死になって求めているキリストの弟子たちを造り出すことができるのである。

第2章

聖　餐──キリスト者の養育

The Eucharist: Christian Nurture

洗礼のゴールとなるもの、それによって人々に与えられる特権とは、聖なるユーカリスト（主の晩餐、聖餐）への参与である。教会の誕生以来、キリスト者は「主の日」である日曜日に集まり、重要な宗教的意味を持つ食事、すなわち「主の晩餐」を食してきた。初期のキリスト者たちがこうした行為を、より信仰的な特別の出来事としての共食として描き出そうとしていたと考える人々もいる。時として、私たちが最も自然に、最も基本的に行うことが、「私たちが何ものであるか」「私たちが何ものであろうとしているか」を指し示す最良のしるしとなることがある。キリスト教とは、ある意味で、驚くほどに平凡で物質的で日常的なたぐいの信仰である。キリスト教の礼拝はその始まりにおいて驚くほど平凡で物質的で日常的な出来事であり、その中心的な儀式は神殿の祭壇ではなく家庭の食卓に由来するものだったのである。

　キリスト者が食卓を礼拝の中心と見なすようになったのは、ユダヤ教的なルーツに根ざしていた。ユダヤ人にとって毎回の食事は宗教的な出来事であり、自らが神の恵みと憐れみ、そして神の賜物である食物と命に依り頼む存在であることを、日々認識する時だったのである。祈りにおいて食物を祝福するという私たちの習慣は、ユダヤ人に由来するものである。その食べ物のゆえに神への感謝が献げられたのであり、食事は皆、聖なる出来事であった。神に感謝が献げられる時、食物は新たな光のもとに置かれることになる。それによって食物は神からの贈り物と見なされ、感謝と喜びの中で口にするものと見なされるようになったのである。

　ユダヤ教には多くの特別な食事が存在するが、その中でも最も重要なユダヤ人の宗教的な食事は過越祭の食事であった。マタイ福音書、マルコ福音書、そしてルカ福音書はそろって最後の晩餐が過越祭に行われたとしている（マタイ26・17、マルコ14・12、ルカ22・7、15）。またパウロはキリストを「わたしたちの過越」（Ⅰコリント5・7–8）と語る。過越祭は出エジプトと結びついた祭りである。過越祭がユダヤ人家庭の食卓で祝われる時、過越祭のセデル（その晩に家族で執り行う礼拝の式次第）の司式者は参加する人々に向かって次のように宣言する。

　　私たちはエジプトでファラオの奴隷であった。主なる私たちの神は強い御手と差し伸べた腕をもって私たちをそこから導き出してくださった。そしてもし、聖なる御方、ほむべき御方が私たちの祖先をエジプトから導き出さなかったなら、私たちも、私たちの子どもらも、そして私たちの子どもの子どもらも、今なおエジプトでファラオの奴隷であったことだろう。

　言い換えるなら、過越祭のセデルは出エジプトにおける神の力強い解放の業を祝うものなのである。それはたんなる歴史的な記念ではなく、神の民にとって今なお継続する関係を示す出来事としての祭りである。

　　聖なる御方、ほむべき御方が贖ってくださったのは私たちの父祖ばかりでなく、彼らと共に私たちをも贖ってくださった。……

　　神は私たちを奴隷から自由へ、悲しみから喜びへ、悲嘆から祝祭の日へ、闇から大いなる光へ、そして拘束から贖いへと導き出してくださった。

　過越祭のセデルにおける卓越した特徴のひとつは、家族が口にする食べ物について、司式者が次のように語ることである。「これはあなたがたの父祖がエジプトから脱出する時に食した苦しみのパンである」。聖書の中の最後の晩餐の記事において、イエスはこのような過越祭の特別な儀式を行っていない。パンと杯に対するイエスの祝福は、ユダヤ教のその他の特別な食事において行われた典型的な祝福の言葉である。しかし、最後の晩餐が過越祭の

食事であったかどうかはともかくとして、その食事におけるイエスの所作は
疑いもなく過越祭の食卓における儀式を想起させるものであった。イエスが
パンと杯を手にした時、彼はこれらのなじみ深い食物に対し、それまでとは
異なる解釈を施している。その解釈はイエス自身のメッセージと働きに特有
のものであったが、しかしまたそれはすでに過越祭が強調することを踏まえ
た解釈でもあった。「これはわたしの体である。……これは、多くの人のた
めに流されるわたしの血、契約の血である。はっきり言っておく。神の国で
新たに飲むその日まで、ぶどうの実から作ったものを飲むことはもう決して
あるまい」。イエスの死は神の国の始まりであった。十字架上でその働きを
達成した後、主は彼を信じる者たちと共に神の御前で祝宴を開くことになる。
食事は神の国の始まりのしるしであり、神の解放の業の目に見え、味わい、
触れることのできるシンボルとなるのである。

　最後の晩餐が過越祭の食事であったかどうかはともかくとして、いくつ
かの特定の過越祭のテーマ（自由、解放、イスラエルのための神の力強い御業、
聖なる歴史の想起）が、イエスと弟子たちが摂った最後の食事と自然なかた
ちで結びついていることは明らかである。しかしまた最後の晩餐が通常の過
越祭の食事よりもはるかに大きな意味を含んでいるということもはっきりし
ている。

　いわゆる「最後の晩餐」は、真の意味でイエスが弟子たちと共にした最後
の食事だったわけではない。それはよみがえったイエスと共に与る一連の食
事の始まりとなった。十字架に続く日々において、キリストはその弟子のも
とに奇跡的なかたちで現れた。そうした出現の多くは食事を伴う場面で起こ
っている。エマオの物語で（ルカ24・13–35）、失望した弟子たちは「〔イエス
と〕一緒に食事の席に着いたとき、……二人の目が開け」、よみがえったイ
エスがまさに彼らと共におられるのを見て驚きを禁じえなかった。この重要
な食事の場面でイエスが食卓におけるなじみ深い四つの所作を行った時、す
なわち、パンを祝福すること、それを手に取ること、杯を取り上げること、
パンと杯を与えることをイエスが行った時、弟子たちの目は開かれたのであ
る。弟子たちは、イエスが「パンを裂いてくださったときに」（35節）、はっ
きりと彼を認めたのだった。

　こうした復活後のイエスとの食事はたんなる過越祭の食事の繰り返しでは
なかった。それは弟子たちにとって、疑いもなく、共同の食事においてイエ

スが彼らのためにパンを裂いて分かち合った数多くの場面を想起させるもの
であった。イエスは今や、「パン裂きと祈り」において弟子たちといっしょ
におられるのである。弟子たちはきわめて早い時点でこうした共同の食事
を、キリストが彼らと共にいてくださるしるしとして、神の国の前触れとし
て、そしてそれによって復活のキリストが彼の再臨を待ち続ける弟子たちを
支え育むための手段として、理解するようになった。「わたしの記念として
このように行いなさい」とイエスは告げたのである。

　パウロは、「だから、あなたがたは、このパンを食べこの杯を飲むごとに、
主が来られるときまで、主の死を告げ知らせるのです」と記している。パウ
ロが「主の晩餐」と呼ぶこの出来事がキリスト者の主日の中心的行為となり、
キリストを待ち望む人々のただ中でその臨在を示す、可視的な、行為による
しるしとなった。

　主の晩餐において、キリスト教信仰の多くの側面が可視的に表現されるも
のとなった。ある意味で、主の晩餐は愛し合う友人たち同士の食事が意味す
るすべての内容を含んでいると言えよう。ただしこの食事の大きな特徴は、
復活のキリストの臨在のもとで行われる食事だということである。「わたし
はいつもあなたがたと共にいる」とキリストは言われた。「二人または三人
が集まるところには、わたしもその中にいるのである」。この食事はそれゆ
えに一致と友愛のしるしである。「パンは一つだから」「皆が一つのパンを分
けて食べるから」あなたがたはキリストにおいてひとつになるとパウロは言
う。食事はキリストが彼に従う者たちに求めた生き方のひとつのシンボルで
ある。この食事の場で生じる分かち合いや奉仕や一致の中に、私たちはキリ
ストご自身の働きの実例と共にキリストに従う者たちがなすべき働きの実
例を見出す。イエスは最後の晩餐で、それまで彼に従う者たちと食したすべ
ての食事の場面で行ってきたことを行ったにすぎない——すなわちイエスは
人々に奉仕したのである。キリストの弟子たちがこの聖なる食事でお互いに
奉仕する時、彼らは食卓におけるキリストの行為を繰り返すと同時に、キリ
ストの働きのすべてを、すなわち愛をもって他者に奉仕することを繰り返す
のである。最初期の教会における職務の名称のひとつとして「助祭」が用
いられたこと、すなわち「召し使い」や「給仕人」を意味する名称が用いら
れたことは驚くにあたらない。キリストが私たちに奉仕してくださったよう
に、私たちもまた互いの必要に応じて奉仕する。キリスト者はこの世にあっ

て人々が私たちに望んでいること、すなわちキリストの名において愛を持って他者に奉仕することを、まさに食卓において行うのである。

　初期教会で行われた聖なる食事において想起されたのは最後の晩餐だけではなかった。イエスが十二人の弟子たちと分かち合った食事をはじめ、五千人への給食、レビの家での食事、カナの婚礼、エマオでの食事、湖岸での朝食など、すべての食事がそこに含まれていたことは間違いない。そうした食事において罪人と共に飲み食いしたために、イエスは批判された。今や教会は、復活後の食事において、キリストがなお罪人と共に飲み食いすること、弟子であると同時に罪人でもある人々と共に飲み食いすることを、この世に向かって宣言したのである。

　しかし主の晩餐はたんなる回想の食事という以上の意味を持っていた。パンを取り、それを祝福し、裂き、与えるという食卓の四つの所作のうちに、初期教会はキリストが生きて臨在し続けておられるという神秘をはっきりと表現した。神に従うキリストの生と死と復活において、神と私たちの交わりが回復され、そして兄弟姉妹としての私たちの交わりが成就されたのである。それはたんなる過去の歴史的記憶という以上のことであった。それは現在及び未来においてキリストに従うすべての人々に、食事を通して与えられることになったキリストの臨在の経験だったのである。

　主の晩餐に関する最初期の完全な記述のひとつは、（すでに前章で述べた）ヒッポリュトスの『使徒伝承』に見られるものである。そこでは初期教会の主日礼拝の様子がすべて示されており、それは私たちの現在の礼拝の妥当性を判断する有益なモデルとなる。

　ヒッポリュトスは主の晩餐を「エウカリスティア」と呼ぶ。この言葉はギリシア語で「感謝」を意味し、おそらく聖餐の食卓における中心的行為である感謝の祈り（「ユーカリストの祈り」）に由来すると思われる。聖餐の執行は主日礼拝の中の「御言葉の礼拝」（*BOW* では「宣言と応答」に当たる部分）の後で行われる。礼拝の始まりに当たる「御言葉の礼拝」では、聖書の朗読、詩編の唱和、祈りが献げられ、説教が行われる。この部分が終わると未受洗者は全員退場する。その後、信徒が教会の一致と平和を象徴してお互いを抱きしめ合い「平和」を分かち合う。助祭がパンの塊やブドウ酒を集め、食卓で式を司る司教（エピスコポス）にそれらを渡す。

　「奉献」の後、司教と会衆の間で次のような開式の対話が交わされる。

主はあなたがたと共に。
またあなたの霊と共に。
あなたがたの心を挙げよ。
私たちは主に向かって心を挙げます。
主に感謝を献げよう。
それはふさわしく正しいことです。

　その後に続くのがキリストにおける神の働きに対する「感謝の祈り」である。この祈りはまた「聖別の祈り」「カノン」「ユーカリストの祈り」とも呼ばれる。会衆の中の長老たちは司教のかたわらに立ち、司教が立って次のように祈る間、献げものの上に手を差し伸べる。

　　神よ、感謝します。あなたは、私たちを救い、私たちを贖い、あなたの
　　救いのご計画を知らしめるために、あなたの愛する御子イエス・キリス
　　トをこの終わりの日に私たちのもとに送ってくださいました。御子はあ
　　なたの御言葉であり、あなたと固く結ばれており、この御言葉によって
　　あなたはすべてをお造りになり、あなたの御心にかなった者として、天
　　からおとめの胎に送られました。御子はその胎に宿り、肉体を取り、聖
　　霊とおとめから生まれたあなたの御子として現れました。そして御子は
　　あなたの御旨を成し遂げ、あなたのために聖なる民を獲得し、あなたに
　　信頼する人々を苦しみから解放するために苦しみの時に両手を広げてお
　　られました。

　ここにはその雰囲気においても内容においてもきわめてユダヤ教的な祈りの性格が残されている。ユダヤ教の食卓の祈りと同じく、この祈りは神に感謝を献げることによって食物を祝福する。神の創造の業、そして神の民を死と悪魔から解放した業に対して感謝が献げられる。その後、この祈りはキリストについての信仰の核心部分を要約する。この第二の部分は、使徒信条の中のキリストに関する箇所に直接対応する部分であり、ある意味において、祈りのかたちによる使徒的信仰の要約である。それは祈りであるだけでなく、キリスト教信仰の基礎を簡明率直なスタイルで述べた信条である。それはま

た神の民のためになされた神の偉大な行為を公に宣べ伝えることによって神
をたたえる感謝の賛美でもある。すなわちそれは喜びに満ちた頌栄の賛美で
あって、神がなさったことを会衆に知らしめ想起させようとする。

　初期のこうしたユーカリストの祈りは、私たちが宗教改革以来受け継いで
きた聖餐の祈りの大半と大きく異なっている。宗教改革に由来するそうした
祈りは、たいていの場合、キリストの働きのごく一部、つまりキリストの十
字架上の業のみを取り上げてきた。それらの祈りの雰囲気はキリストにおけ
る神の救いの業の全体を喜びつつ告知するというより、キリストの受難に対
する陰鬱な記憶と言うべきものである。〔ヒッポリュトスの場合、〕「神よ、感
謝します」という最初の言葉がこの祈りの雰囲気、すなわち彼らのただ中で
行われた神の業を見た人々、そしてその勝利を祝い、それに参与するために
今集まっている人々の喜びに満ちた凱旋の雰囲気を決定づけている。

　ヒッポリュトスのユーカリストの祈りは、この後、ユダヤ教の食卓におけ
る家族的な祝福の祈りとは異なる三つのセクションに展開していく。最初の
セクションは、パウロが第一コリント書の中で記した晩餐記事の自由な引用
を通して聖餐制定の物語を語る。

　　パンを取り、あなたに感謝を献げておっしゃいました。取って食べなさ
　　い。これはあなたがたのために裂かれる私の体である。同じようにして
　　杯を取り、おっしゃいました。これはあなたがたのために流される私の
　　血である。あなたがたがこれを行う時、私の記念として行いなさい。

「制定語」として知られるようになったこれらの言葉は、この食事の意味
をイエス自身の行為（それはたんに最後の晩餐における行為だけでなく、十字架
上の行為をも含めて）との関わりにおいて語ることに焦点を置いている。

　それに続いて、「アナムネーシス」（「想起」または「記念」の意味のギリシ
ア語）の祈りが献げられる。

　　それゆえに私たちはその死と復活を思い起こし、このパンと杯をあなた
　　に献げます。あなたが私たちを、あなたの御前に立ち、祭司として仕え
　　るにふさわしい者としてくださったことを感謝します。

この「思い起こす」ということが、たんに過去の歴史的な事件の回顧ではないことに注意してほしい。そうではなくてそれは「再提示する（re-presentation）」もしくは「再現する（re-enactment）」という意味における想起であって、それは過去に生じ、今なお〔私たちにとって〕現在的な関わりを持つことがらの発する、今ここに示された力を告知することである。このような想起において、私たちは過去の救いの出来事に参与するのであり、私たちの時がその時となるのである。〔想起を通して〕私たちはそこにいることになるのだ。

ヒッポリュトスの祈りの第三のセクションは、聖霊の働きについて語っている。

　　そして私たちはあなたの聖霊を、聖なる教会の献げものの上に送ってくださるように求めます。あなたの聖なる神秘を分かち合う者たちすべてをひとつに集め、真理によって彼らの信仰を強めるために聖霊をもって満たしてください。

こうした祈りは「エピクレーシス」または「希求の祈り（Invocation）」と呼ばれ、聖霊の賜物をパンとブドウ酒の上に、そしてすべての参加者の上に願い求める祈りである。

最後にこの祈りは「ドクソロジー（頌栄）」で結ばれることになる。

　　それゆえに私たちはあなたの御子イエス・キリストを通して、あなたを賛美し、あなたの栄光を頌（たた）えます。御子を通して、あなたの上に栄光とほまれが、聖なる教会において、聖霊と共に、今もまたいつの世もありますように、アーメン。

最後の「アーメン」はそこでなされたすべてのことがらに対する会衆の同意と参与を象徴する。

ささげものは祝福され、信徒たちはパンとブドウ酒を分かち合って交わりに与り、そしてこの世へと押し出されていく。

ヒッポリュトスの時代におけるこうした聖餐の記述から私たちは初期教会の主日の礼拝の祝いの様子を知ることができる。その儀式の生き生きとした

喜びに満ちた性格と簡明率直な展開は、私たちの教会の多くが宗教改革から受け継いできた暗く陰気で雑然とした聖餐のありさまと好対照をなしている。現代の聖餐式文の改訂に際し、ヒッポリュトスのユーカリストの祈りはその大半においてモデルのひとつとして取り上げられた。この祈りは私たちが、しっかりした神学を持ち、聖書を土台とした、大胆な聖餐の式を再発見する助けとなった。それは（私たちの聖餐式の多くがなじんできた）人間の罪深さに対する悲しみに満ちた悔い改めの一覧表を提示するようなものではなく、喜びに満ちた神の力強い業を告知する聖餐である。それが私たちに想起させたのは、聖餐は「何を語るか」〔言葉〕ということ以上に「何をするか」〔行為〕に多くを負うということである。すなわち聖餐は、過去、現在、未来にわたる、キリストにおける神の業に対する、目に見える行為としての証しなのである。

　聖餐はキリスト者の基本となる食事であるがゆえに、それに深い関心を寄せることは教会の本質的課題である。聖餐に参与する時、私たちはキリストの弟子として養われ、また弟子として形作られていく。それゆえに私たちは、聖餐においてどのように弟子を養育しているかということに注目しなければならない。ちょうど私たちがキリスト者の入信の儀式に関してその規範と基準を検討したように、聖餐に関しても、私たちが現在行っているやり方が適切なものであるかどうかを判断するための規範を確認する必要がある。

　そうした規範の第一は、聖書的歴史的な資料からわかるように、聖餐は教会の主日礼拝における恒常的な構成要素であるということである。キリスト者が主日礼拝のために集いながら、聖餐の祝いによってその礼拝が最後のクライマックスを迎えることがないとすれば、人々は「主の日」におけるキリスト教礼拝の十全な経験に与りそこねることになる。毎主日における聖餐の実践を回復することは多くのプロテスタント教会にとって喫緊の課題である。

　第二の規範は、聖餐の完全な祝いの規範的なパターンは「御言葉の礼拝」と「食卓の礼拝」の双方から構成されるものであり、それは御言葉の告知と祝福から、四つの行為で構成される食卓〔聖餐卓〕の祭儀に移行するものであるということである。「御言葉」と「食卓」が主日礼拝の規範である。「御言葉の礼拝」は本来、信仰のいろいろな記憶によって信徒の養育に奉仕する部分であった。それは御言葉を朗読すること、物語を語ること、説教すること、伝道すること、教育すること、福音を告知することが行われる時であ

った。また礼拝のこの前半部分は洗礼に備える志願者たちの教育に資する時でもあった。礼拝のこの部分では聖書が中心的な位置に置かれる。この形式は究極的にはシナゴーグ礼拝に由来するものであり、出エジプトを経験したユダヤ人の共同体は、彼らのために神がかつて行われた大いなる業を礼拝の中で記憶することによって力を与えられ生き残ってきた。それと同じくキリスト者の共同体は、「御言葉の礼拝」で与えられる神の大いなる業の記憶に励まされて生き続けている。それと共にここで覚えるべきもうひとつのポイントは、この部分で行われる説教において、（カール・バルトがかつて良い説教について語ったように）聖書と新聞を隣り合わせに置きながら読むように、私たちの信仰の伝統と証言を告げると共に現代のニーズと問題についても取り上げることである。

　御言葉の想起と告知が行われ、私たちがその想起と告知によって裁かれ、また強められた後に初めて、私たちは食卓へ移ることが可能となる。「食卓の礼拝」もまた記憶と告知の時であるが、他方、それは最も重要な実演の時でもある。私たちはすでに御言葉を聞いた。そして今や食卓において私たちは御言葉を行うのである。「平和の挨拶」が行われ、それと共にパンとブドウ酒という私たちのささげものが行われる。このような「平和の挨拶」と「奉献」がキリスト者が礼拝とこの世界で行う行為のシンボルとなる。次に、私たちは食卓において四つの行為を実践する。すなわちそれは、〔パンと杯を〕手に取ること、祝福すること、裂くこと、そして与えることである。この行為は、イエス自身が最後の晩餐や弟子たちと共にしたその他の食事における行為と私たちを結びつける。感謝の祈りもしくはユーカリストの祈りにおけるささげものの祝福の後、神の民は彼らの過去に思いを寄せ、また神の大いなる御業に感謝をささげつつ陪餐への備えを完了する。こうして人々は食事に与るのである。

　聖餐の基本的な歴史的パターンや構成を確認することは可能である。礼拝順序を工夫する際には、こうした基本パターンと一致させながら礼拝の様々な行為を形成することができる。以下に掲げるのは、こうした歴史的パターンのみならず、大半のプロテスタントの諸教派やローマ・カトリックの新しい礼拝式にも共通する主日礼拝の構成である。

1.　主の名によって集まる（礼拝への招き、開会の聖句、開会の祈り、挨拶、

　　　報告、礼拝の説明、またこの部分か後の部分で行われる罪の告白と赦しの言葉など）

2.　神の言葉を宣べ伝える（歌、劇、ダンス、聖書日課についての予備知識の提供、聖書朗読、説教など）

3.　神の言葉に応答する（信仰の宣言、洗礼、説教への応答、賛美、祈り、証言、ダンスなど）

4.　世界と教会のために祈る（罪の告白と赦しの言葉）

5.　「平和の挨拶」による交わり（主の名によって交わされる挨拶）

6.　聖餐を祝う
　　ａ．パンを手に取る
　　ｂ．パンと杯を祝福する
　　ｃ．パンを裂く
　　ｄ．パンと杯を与える

7.　主の名によって〔この世に〕出て行く

　ここに挙げた式順を現在の合同メソジスト教会の式文における基本的パターン（*BOW*, pp.13–32）と比べるなら、この初期教会のパターンが今日の礼拝刷新に大きな影響を与えたことは一目瞭然である。

　さらに聖餐に関する第三の規範は、それが第一義的に共同のそして交わりの礼拝であるということである。それは共同体と交わりのための出来事であって、個人的かつ私（プライベート）的なかたちで神と出会うための時間ではない。主の晩餐についてあまりにも多くの人々が、かつてパウロに非難されたコリントの教会と同様の誤解に陥っている（Ⅰコリント 11 章）。多くのプロテスタント教会で用いられている個別に用意されたウエハース〔聖餐用のパン〕と個別の小さな〔ブドウ酒用の〕グラス、そして個人的で自己充足的で自己中心的な信仰が、「主の晩餐」という交わりの食事を「各自が勝手に自分の分を食べて」しまうような私（プライベート）的な食事（Ⅰコリント 11・21）に変容させてしまった。これはキリストが制定されたものとは正反対のものである。それは私（プライベート）的な礼拝の場になってしまっている。しかし主日礼拝の聖餐は断じてそのような場ではない。何であれ礼拝において、キリストの体としての一致と交わりを形成する働きを減じさせるようなことがあってはならない。それはパウロが、分裂したコリント教会の人々に向かって次のように告げた通りで

ある。「パンは一つだから、わたしたちは大勢でも一つの体です。皆が一つのパンを分けて食べるからです」（Ⅰコリント 10・17）。

　第四の規範は、上述した規範と関連することだが、すべて洗礼を受けたキリスト者は主の食卓に招かれているということである。たとえ何歳であっても洗礼を受けたすべてのキリスト者がそこに招かれている。〔古代には〕幼児洗礼の増加に伴って幼児陪餐の実践が行われるようになった。〔当時の〕教会は、洗礼を受けた子どもを陪餐させないとしたら、それがまったく一貫性に欠けたやり方になるということをよくわきまえていた。後になって西方系の教会で幼児陪餐の実践が衰えていくのと相まって、聖餐の意味に関する誤解も広まっていった。今日の私たちが再認識しつつあることは、神学的にも歴史的にも聖書的にも、あるいはまた人間の成長やライフサイクルに関わる観点からも、それがたとえ何歳であろうとも、洗礼を受けた人間を主の食卓への招きから排除するような理由は存在しないということである。

　第五の規範は、聖餐が私たちに、キリスト教とは「物質を伴う」信仰（"materialistic" faith）を持った宗教であることを想起させるということである。日々の生活で用いる日常的で親しみ深い基本的な食べ物であるパンとブドウ酒が、私たちのただ中で生じる神との交わりの新しい次元を開示する。聖餐においては、キリストが肉体をとって現れた「受肉」という出来事が、とりわけ生き生きとしたかたちで、しかも私たちの参加可能な方法で祝われる。私たちの感覚のすべてが、多様な伝達手段により、感覚に訴えるかたちで、種々様々な面で生じる神と人間の出会いの経験に結びつけられる。私たちはあまりにもしばしば〔頭の中で〕思いめぐらすことばかりを求められている。詩編の作者の言葉にあるように、私たちは私たちの神がいかに良き方であるかを「味わい、その香りを嗅ぐ」のである。かつてジャン・カルヴァンが神と聖餐について記したように、「神は、私たちが被造物であることを心にとめ、ご自分の創造されたこの世的なものを用いて、霊的なものを私たちのもとにもたらすこととされたのである」。あまりにも長い間、私たちの間の多くの者は、受動的で、非参加的で、頭脳的で、純粋に知的なかたちの信仰理解にとらわれ続けてきた。聖餐は私たちを聖なる存在とのより明確な関係に招き入れ、より強い結びつきの経験へと私たちを引き戻すのである。

　第六に、これまで論じてきた聖餐に関する聖書と教父たちの時代の源泉から明らかになったように、主の晩餐は陰鬱な葬りや悔恨の雰囲気よりも、勝

利に満ちた贖いに焦点を置くものであるということである。初期のキリスト者たちは「主の日」である日曜日、すなわち勝利の復活の日に彼らの聖なる食事を祝ったのであり、十字架刑の受難の前日である「洗足の木曜日」にそれを行ったわけではない。主の食卓のまわりに集まった人々は罪人ではあったけれども、それは贖われた罪人たちだったのである。伝統的な教会暦で示された悔悛の期節（レントとアドヴェント）における例外はありうるとしても、礼拝における罪の告白の祈りやその他の悔悛の行為は聖餐そのものを構成する部分というより、聖餐の前の準備的な部分と見なされるべきであろう。中世後期や宗教改革期における悔悛や過重な罪意識といった限定的なことがらに焦点を当てた聖餐の性格を継承してきた私たちの多くの者にとって、聖餐は私たちが立ち上がってキリストによる勝利の解放のリハーサルをするというより、膝をかがめてひれ伏し、人間の犯す罪の一覧表を繰り返す時になっている。しかし聖餐とは、私たちの贖い主を通して成就した神の救いの業を覚えて、贖われたことを知る者たちが行う祝祭なのである。

　最後の規範は、聖餐は「使徒的な」出来事であるということである。私たちの行う聖餐、交わり、そして私たちの贖いの告知と祝祭の目的は、たんに思いやりのある集いとか自省的な内面性の次元にとどまるものではない。私たちの目的は、私たち自身が主の食卓でささげられ、祝福され、裂かれた存在であることを見出し、そこで養われ育まれながら、この世で生きる力と任務を与えられることである。聖餐は私たちの食卓の交わりが持つ境界線の外側にある世界に対して、徹底的な奉仕と証言をすることを私たちに託す宣教的伝道的な行為である。

　「御言葉」と「食卓」はすべての主日において互いに結びついている。食卓の行為なしには、私たちの主日礼拝は鈍重で言葉中心の個人主義的で知性中心的な、そして非参加的な営みとなる。残念ながら、まさしくこのような事態がユーカリストを軽んじてきた多くのプロテスタント教会で生じたことであった。他方、「御言葉の礼拝」がなければ、ユーカリストは日常生活から遊離し、キリスト教の中心的な物語から迷い出てしまう危険に陥ることになる。それは宗教改革後のローマ・カトリック教会で起こったことであった。幸いなことには、プロテスタントもカトリックも、「御言葉と食卓」から成る十全で豊かな経験を再発見しつつある。

　これまでの議論からも明らかなように、聖餐の基本的かつ規範的な形式

もしくはパターンはきわめてシンプルである。長年にわたって私たちの聖餐の礼拝に加えられてきた付着物の多くを取り除くことは、（もしその除去が有益であるとすれば）私たちが自由になしうることである。手に取る（taking）、祝福する（blessing）、裂く（breaking）、そして与える（giving）という基本を真剣に受けとめるならば、聖餐の礼拝とは実際のところきわめてシンプルな出来事なのである。他方、私たちにはパンとブドウ酒を〔聖餐から〕取り除くという自由はない。パンとブドウ酒は他の食物ではなしえないような、聖書的象徴的かつ伝統的な主の晩餐の意味を伝達する。神の民を養うために、私たちはこうした基本的なシンボルが神の民のために高く掲げられ、はっきりと開示されるように、できる限りのことをしなければならない。

　サクラメントとは目に見えない内面的なリアリティの可視的外面的なしるしである。サクラメントは魔術ではない。つまりそれは私たちのために何かをしてくださるよう神を説得するための手段ではない。サクラメントは真理を私たちに明示する出来事である。神は洗礼を受けていると否とにかかわらず、子どもたちを愛してくださる。神の愛を洗礼によって受け入れない人であっても、神の愛を知るということは起こる。それと同じく、私たちがそれを祝福すると否とにかかわらず、パンは神の聖なる贈り物である。私たちが聖餐においてパンを祝福する時、私たちはその食べ物が私たちに対する変わることのない神の堅固な愛と配慮のしるしであることを知るようになるのである。

聖餐の信仰教育

　儀式には三つの機能が含まれている。それは〔第一に〕共同体を形成し活力を回復させるための方法であり、〔第二に〕その共同体に属する人々の生の秩序と意味を再構築する方法であり、〔第三に〕その共同体の自己理解と習慣を支え、またその共同体がそれらを次の世代に伝えるための方法である。これらの機能は文化適応（enculturation）と文化変容（acculturation）のいろいろな側面であり、すなわちそれによって文化がひとつの世代に伝達され、また他の世代によって適応されるプロセスである。宗教上の社会化（religious socialization）とは、文化適応と文化変容という枠組みのもとで言えば、個人と共同体が自らの信仰やライフスタイルを支え、伝達し、適応し、変容するための、生涯に及ぶ公式非公式の方法から成るプロセスのことである。その

ようなものとしての宗教上の社会化は、信仰教育に結びつくひとつのモデル
となる。儀式（すなわちその共同体の神話を表現する反復的でシンボリックな行
為）は宗教上の社会化において中心的なことがらであり、信仰教育にとって
も根本的なことがらなのである。

　ある重要な意味において、私たちは「私たちが行うこと」によって学ぶと
いうことは事実である。私たちは行動を通して新しい思考や感覚の方法を身
につける。私たちは信仰的な行為を行うことによって、信じることができる
ようになる。私たちは愛の行為によって、愛し合う者となる。それこそが、
ある人々の行う儀式を観察することによってその人々を理解できるというこ
との理由である。教会の主日礼拝は、とりわけその儀式の中で行われる行為
は、人々の生に対する認識や理解、そして生き方を表現し形成する。こうし
た事実は私たちの儀式を変えることがなぜ困難なのかを説明してくれる。そ
してそれはまた、なぜ私たちが時として私たちの儀式を根本的に改革する必
要があるか、そしてなぜ常に私たちの儀式的行為を理解する必要があるかを
説明するものとなるのである。

信仰教育と聖餐

　もし聖餐の今日的な理解と礼拝における必要な変化が成し遂げられるべき
であるとするならば、信仰教育に関して数多くの課題が提起されることにな
る。
　まず第一に「御言葉と食卓」という〔二つの部分から成るキリスト教礼拝の〕
規範的な本質に関わる課題がある。長年にわたって多くのプロテスタント教
会は毎週必ず聖餐を行うということを怠ってきたし、ローマ・カトリック教
会の一部は説教を軽視してきた。主日礼拝における「御言葉と食卓」の重要
な結びつきを人々が理解できるような信仰教育が不可欠である。
　信仰教育の共同体的な性格にも十分な関心を払う必要がある。あまりにも
長い間、人々は主日礼拝というものを私的で個人的な行為として理解して
きた。私たちは目を閉じ、ひざまずき、手を組み合わせて祈りをささげてき
た。それはあたかも「子宮に籠もる」ような姿勢と言える。私たちの礼拝堂
の構造は人々を座席の列ごとに離ればなれにさせており、そこで行われる
「平和のキス」のような行為は場違いな印象を与える。
　長年にわたって人々は主日礼拝で受け身の状態に置かれてきた。すなわち

人々は教会にやって来て、座り、聞き、考え、祈ってきた。私たちの感情や振る舞いばかりでなく、触覚や嗅覚や視覚、その他の感覚といったものがそこでは看過されてきた。私たちは共同体的な参与、全感覚の活用、感情の表現といったことを学ばねばならない。

　礼拝の焦点として悔悛から贖いへ重点を移すことは、多くの人々に違和感と混乱をもたらすことになるだろう。私たちの礼拝は、長い間、人間の罪深い状態に繰り返し目をとめ、神の赦しを求める嘆願を繰り返すことを通じて堕落した人間性を強調してきた。それは陰気で悲しげな礼拝だった。今やもう一度礼拝の焦点を福音の贖いのメッセージにしぼるにあたって、そこでは喜びに満ちた祝祭的なスタイルこそふさわしい。このような信仰のパラドクスを理解し、意味深いかたちで救いの喜びに満ちた聖餐に結びつけるためには、想像力に満ちた信仰教育が必要である。そのような信仰教育とはこれまでの古い先入観と真剣に向き合い、さらに聖餐の本質のみならず私たち人間の本質についての新しい可能性を開示するものである。

　もうひとつの課題は聖餐の家族的性格ということである。あまりにも長い間、子どもたちは大人の礼拝から隔離され続けてきた。ある人々によれば、子どもは彼らの個人的なメディテーションを妨害すると言い、また他の人々によれば、子どもは大人にふさわしいと思われる知的なかたちの礼拝を理解することができないと主張する。礼拝における愛情や直感的意識の重要性の再発見によって、子どもと大人が共に礼拝に参加する可能性がふたたび提起されるようになった。子どもたちも〔教会の活動に〕包含されるべきであるという一般的合意が生まれつつある一方で、私たちは、それが礼拝に関して何を意味するかについて合意に至っているわけでもなければ確かな見解が存在するわけでもない。一方では洗礼を受けたすべての子どもは喜んで聖餐への参与を認められるべきだという確信が醸成されつつある。しかし礼拝における子どもの完全な意味深い参与ということは信仰教育に関わる最も困難な問題を提起することになるかもしれない。

　最後に挙げる課題は、主日礼拝の使徒的な性格に関わることがらである。聖餐の目的は個々の信徒と共同体全体に対して、この世における牧会的宣教的な働きを託し、また力づけを与えることである。礼拝は個人的問題や社会的問題から逃避する手段として用いられてはならない。しかしこのような使徒的な意図が広まるためには、信仰教育は難しいチャレンジを強いられるこ

とになるであろう。

　人々が新しい聖餐の式次第を受け入れ、理解し、適切に関われるようにするために、私たちは、子どもと若者への教育に関して、また大人たちへの再教育に関して、慎重かつ多大な、そして組織的かつ持続的な努力を払わねばならない。しかしこのような変化に備えてきた教会はあまりにもわずかしかなかった。聖職者も信徒も混乱し問題を抱えている。そして聖職者も信徒も新しい儀式やそのルブリクを無視したり、そうしたことに真剣に関わろうとしないことで、彼らのフラストレーションを表現している。

　礼拝委員会や典礼委員会、教会の公的な委員会、また教会のリーダーたちが率先して、聖餐の信仰教育に関して、人々が礼拝の歴史を理解する助けとなる方法や、またキリスト教会における礼拝の神学を強調する助けとなる方法を発見するように努めるべきである。さらに重要なことは、礼拝と〔日常的な〕仕事の間の看過されてきた関係を再構築することである。人々が礼拝と人生を見つめたり両者を統合したりすること、すなわち「聖餐を生きること」を、援助するのは容易なことではない。

　おそらく教会によっては、しばらくの間は子どものための礼拝を行うことが避けられないかもしれない。こうした方法を採用する教会は、あくまでも新しい礼拝を導入するまでの過渡的方策としてそれを行うべきであろう。最終的目標はすべての人々が礼拝に参加することだからである。しかしながら私たちの意図するところは、まず成人の信仰教育から始めることである。私たちが大人たちの生き方や信仰、態度、そして行動を変えることができるとすれば、私たちはまた子どもたちを適切に養育することもできるようになる。

　いずれにせよ、来るべき世代のための教会の信仰教育のプログラムは洗礼と聖餐に焦点を当てる必要がある。この二つのサクラメントに適切なかたちで取り組むことに比べるならば、その他の課題でこれらに匹敵するほどの継続的な重要性を持つものはわずかしか存在しないのである。

《例》

　復活節において子どもの洗礼の七周年の記念もしくは最初の陪餐を行うに際して、その親たちはレント中にその準備をし、グループによる一連の講習を実施して、子どもたちが聖餐の意味を理解できるように援助することが考えられる。

　さらに日曜日の夕方や週日の夜に会衆が集まって〔聖餐を含む〕礼拝を体験し、礼拝のそれぞれの箇所で事前に説明をし事後にそれを振り返るということもできる。この他にも幼い子どもたちにふさわしい学びの経験をこうした教育的な聖餐を通して提供することができるだろう。

聖餐の際の信仰教育

　すでに述べたようにキリスト教礼拝は二つの主要な部分から構成されている。すなわち「御言葉の礼拝」と「食卓の礼拝」であり、もしくは「求道者の礼拝（*missa catechumenorum*）」と「信者の礼拝」である。ラビもしくは教師が参加するユダヤ教のシナゴーグ礼拝と対応するように、初期教会における「御言葉の礼拝」は信仰教育的なものであった。事実、共同体の信仰内容を明らかにし教えようとする信仰教育という面が礼拝の前半部の主要な性格であって、そこでは神をたたえることと会衆を教化することが結びついている。この「求道者の礼拝」の場面では、会衆は信仰が告知されるのを聞き、彼らの共同体の物語を学び、その物語が口頭による教えを通して解釈され内容が明らかにされていくのを体験する。礼拝のこの部分を行う上で、私たちがその日の学びから何を知るべきかを真剣に配慮することは私たちの担うべき大きな責任である。繰り返すが信仰教育は「御言葉の礼拝」において中心的な意味を持たなければならない。

　もし礼拝における学びの要素を真剣に受けとめるのであれば、私たちは物語（ストーリーテリング）ること、音楽、議論、劇、ダンス、映像、そしてグラフィック・アートといったものを再び重要なものとして位置づけ直す必要がある。聖書記者の意図やその文脈を無視したような無頓着な聖書朗読はやめなければならない。聖書の内容の多くは、物語的な伝達方法や劇やダンスを使った演劇的な方法によってよりよく伝わることであろう。散文調の語り言葉に代えて多様な種類の歌を歌うことがあってもいい。私たちの行動は私たちの言葉と同じように重要であることを想起してほしい。全会衆が礼拝というドラマに参加することによって、私たちの信仰的な物語が再現されていく。映像や服装、バナー、そしていろいろな飾りを通しての可視的な方法による学びも取り入れる余地がある。説教について言えば、イエス・キリストの物語と私たちの物語を結びつけ、それによって聖書日課〔のメッセージ〕を明らかにしようとする時、これまでに挙げた方法の多くと同じような特徴を帯びたものとなるべ

きであろう。様々な芸術は常に〔福音を〕照らし出すための主要な源泉である。もし私たちが「御言葉の礼拝」における信仰教育の意味を理解するようになれば、そしてまた私たちが芸術と会衆参与をさらに活用するようになれば、子どもも若者も、そして成人も、それらが礼拝を共に行う際に持っている大きな意義を再発見することだろう。そうした信仰教育が「求道者の礼拝」の中で〔すでに洗礼を受けた者も含めて〕私たちすべてのために行われることになるのである。

　私たちが最初から子どもたちを含むかたちで〔礼拝を〕開始していたとすれば、上述したようなことがらを論じるまでもなかったはずである。子どもに対して保護者然とした態度で行われる、不適切な神学に基づいた「子ども向け説教」というものを私たちは必要としない。それに代わるものとして私たちが求めるのは、子どもにも大人にも語りかける説教である。私たちは、大人も子どもも自分が受容されていると感じられるような、純真に喜び祝うことのできる祝祭を必要としている。ひとたび私たちがこうしたことを実践するなら、人々はふたたび神の国を目のあたりにし、彼らの生の中に神の臨在を経験することであろう。

《例》
　数週間に及ぶ期間で、いくつかの家族から成るグループが「御言葉の礼拝」に関する責任を担当する。そうしたグループはそれに先立つ数週間に信仰教育と準備計画のための会合を行う。〔そのような実践を行って〕年を積み重ねるうちに、非常に多くの人たちがより意味深いかたちで礼拝に参与し、またそのリーダーシップを担うための養いを受けることになるはずである。

聖餐に向けた信仰教育
　最後にもうひとつの点を述べておく。私たちは後ほど、洗礼を受けたすべての子どもたちは聖餐に参加すべきであるという理念を、そして親たちは子どもの聖餐に関する信仰教育に責任を負うという理念を主張し、また擁護したいと思っている。このような理念を実効あるものとするために、教会は親たちがその重要な課題を果たす上での助けとなるプログラムを発達させなければならない。
　洗礼を受けてから聖餐に与り続けてきた子どもたちは、子どもの時代のう

ちに聖餐の信仰教育を受ける必要がある。就学年齢以前の子どもの場合、そうした学びの主たる責任は親たちが負う。親は子どもたちが次のようなことを理解できるように援助する。すなわち聖餐は特別な食事であって、イエスと共に行う感謝のパーティーであること。教会は共に食事をし互いに愛し合うひとつの家族であること。愛とは私たちが何の条件もなしに、あるがままの姿で受け入れられることであるということ。そして食べ物が健康と成長のためにあるように、聖餐は私たちを養い育て、私たちがよりよい世界のために働けるようにするものであるということ。子どもたちがこうしたことを学ぶための最善の方法のひとつは、眠りにつく前のベッドの傍らで語られるお話を通してである。親もまたそうした話を子どもにするための助けを必要とするかもしれない。もっと大きくなった子どもたちのためには、親や会衆や牧師が一緒になって、聖餐における分かち合いの経験について振り返ったり、この聖なる神秘を理解するための試みを紹介したりすることが求められる。教会によっては、子どもたちが初めて聖餐に参加するにあたって、その陪餐準備のためのもっと公的なプログラムを用意することが求められる場合もあるだろう。

　いずれにしても、聖餐の信仰教育は一回限りのプログラムではなく、生涯にわたって続く出来事である。

　あまりにも長い間、私たちは信仰教育と礼拝を疎遠な関係で放置してきた。教会生活の中でこの両者を統合する新しい方法を発見することは、これからの私たちが立ち向かうべき課題である。おそらくこうした目標を達成するための最上の方法は、主日礼拝に対するすべての世代の人々の備えを信仰教育と結びつけることである。

　私たちは、他のいろいろな活動の場と並んで、教会学校のクラスをこうした準備のために活用することを提案したい。週ごとに行われる礼拝の中心に位置づけられるべきものは、旧約聖書、詩編、パウロ書簡、そして福音書から選ばれた聖書日課である。教会暦の期節と祝祭に結びついた聖書日課について、今やローマ・カトリックもプロテスタントの諸教派もほぼ共通認識に達しており、それは私たちの毎週の信仰教育の焦点となりうる。換言すれば、聖書日課は日曜日の私たちの教会学校におけるカリキュラムの源泉となりうる。それが週ごとに年齢別のクラスにおける公的な集会の場で行われようと、折に触れていろいろな世代が混じって集う場で非公式のかたちで行われよう

と、それは問題ではない。重要なのは会衆が聖書日課のテキストに含まれている「神の御言葉」を知ること、解釈すること、生きること、そして行うことを学ぶことによって、その主日に行われる聖餐の祝祭に備えることである。

　キリスト者の生活の中心にあるのは聖書の物語である。その物語と私たちの物語がひとつに出会うところでは、どこでもまたいつでも、人々の生き方はキリスト教の信仰によって変えられ形作られることになる。おそらくクリスマスはその物語がキリスト教の他のあらゆる物語にまさって知られており、生活に密着し、私たちの中に刷り込まれてきたものであるがゆえに、キリスト者の生活にとってきわめて重要な出来事になっている。私たちはクリスマスと同様に、〔人々が〕一年間の各週におけるキリスト者の物語全体の学びを経験することができるように努める必要がある。

　主日礼拝は私たちの生活における焦点となるべきものである。聖書はこの礼拝の核心に位置する。もし礼拝が私たちの信仰と人生を向上させ活力を与えるものであり、もし私たちの信仰教育が福音に即したものであるとすれば、子ども、若者、そして大人に対する信仰教育の焦点は聖書の物語の上にしぼられるべきであろう。私たちは人々に信仰を与えることはできない。また私たちは人々に信仰を教えることもできない。しかし私たちは信仰の物語を私たちの物語として分かち合い、それによって信仰という賜物を活性化することはできる。そうした物語を分かち合い、経験し、生きることが信仰教育の第一目標となるべきであり、それは私たちが教会の主日礼拝に参加する際の備えとなる。

　教会における信仰教育は、教会学校の目的が全会衆を礼拝や儀式やこの世の生活に向けて準備することにあるという理解によって、変容することになるだろう。その本質において最も優れた成人のための信仰教育とは、聖書を学ぶこと、そしてその聖書が個々人にとって意味するものを子どもたちと分かち合う方法を発達させることである。だからこそ教会は信仰教育のための資源を独自に開発することが望ましい。なぜならそのような資源は、礼拝の備えにおいて、また礼拝において、そして日常生活において、子どもたちと自らの信仰を分かち合おうとする大人たちの生き方に、何よりも密接に結びついているからである。

　教会の信仰教育の将来は、礼拝と学びを結びつけるためのユニークで多様な自分たち独自の手段を発達させようとする、会衆の存在と切り離せないの

である。

《例》

　毎年、その年に洗礼を受けた子どもの親たちのために一連の研修が実施されるべきである。そうした研修で、親たちは彼らの子どもが聖餐を理解するためにどのような援助をしたらよいかを学ぶことになる。

　さらに子どもの受洗と初陪餐の五周年（または六周年）に際して、子どもたちが聖餐の理解を分かち合い、家族と共に食事の場において彼らの存在を祝福し、そして聖餐の交わりの理解において成長することのできるような、子ども向けの短期間連続の企画を持つこともできる。この時に、子どもたちが友人にしたいと思うような、またその生き方を見倣いたいと思うような聖人を選ぶ機会が設けられてもいいだろう。こうした一連の集いの最後に、そうした聖人のメダルを子どもに贈ったり、その家族のために特別な聖餐を行い、その式の中で子どもたちが補助の役割を担ったりすることも考えられる。もし子どもたちが洗礼を受けた日からずっと聖餐に参加し続けるべきであるとすれば、そうしたプログラムは必然的なものとなるだろう。それはまた就学以前の時期に聖餐に参加してこなかった子どもたちに対する準備教育としての意味を持つものとなるはずである。

聖餐に関するルブリク

　私たちがすでに記したように、キリスト教の礼拝はその中に驚くほど日常的で、家族的で、家庭的な性格を内包している。聖餐とは、牧師が人々から注意深く切り離された指導者として、自己完結した非人格的なロボットのように、そのリーダーシップを発揮するための場ではない（もしキリスト教の礼拝にそのような「場」があるとすればの話だが！）。聖餐のリーダーは主の食卓で給仕（ホスト）として奉仕する。すべての良い給仕（ホスト）と同様、聖餐の優れた司式者は人々がその食卓に受け入れられていると感じ、また安らぎを感じられるようにするために働く。多くの教会の聖餐を特徴づけている厳粛さ、形式張った雰囲気、そして人間味を感じさせない雰囲気は、聖餐における人々の十全な参加を阻害し、〔聖餐本来の持つ〕食事の意味を損なわせている。その他すべての礼拝の内容にも見られるように、聖餐のリーダーはその集い全体の雰囲

気を決定する存在である。司式者の服装、表情、礼拝の進め方は、その礼拝の雰囲気と解釈をその場に持ち込むことになる。だからこそ牧師のリーダーシップはきわめて重要な課題なのである。

　聖餐を毎週祝うことになじんでこなかった諸教会がまず最初に取り組むべき課題は、聖餐のより頻繁かつ規則的な実践を回復するために全員で努力することである。より頻繁に聖餐を行うべきだという主張には歴史的にも神学的にも正当な論拠があると私たちは確信しているが、他方、聖餐の頻繁な実施は神学的議論という以上に牧会的教育的な方策に関わる問題であるということも私たちは理解している。人々は、彼らにとって意義深い経験として主の晩餐に参加した時に初めて、その祝祭をもっと数多く実践することに賛成するようになるはずである。より頻繁な聖餐の実践を人々に売り込むための最善の方法は、それを良いかたちで行うことである。牧師は以下に挙げる点を明らかにするようなやり方で、聖餐を含む礼拝を企画し導くことが求められる。すなわち、牧師が聖餐を教会の礼拝におけるきわめて大切な要素と見なしているという点、聖餐は礼拝の他の諸々の行為がそこに向かって進んでいく頂点であるという点、そして聖餐はキリスト者の毎週の集いにおいてなすべき規範的なことがらであるという点である。

　残念ながら、主の晩餐が行われる際にプロテスタントの大半の牧師が伝えてきたことは、上述したこととはまさしく正反対のものであった。私たちは、無数の教会の週報において、聖餐が「通常の説教礼拝」に先立って日曜日の早朝に教会の小礼拝堂（チャペル）の中で行われる「特別な礼拝」として記されているのを目にしてきた。それは結果的に聖餐が「キリスト者にとって、通常のものではない・特別で・まれな出来事」であると会衆に教えることになってきた。一部の牧師たちは、たとえ早朝の時間であれこうした聖餐を行うことによって、それが従来の十一時から始まる伝統的な礼拝でより頻繁に聖餐を実施するための呼び水となってほしいという希望を抱いている。しかしたいていの場合、そういう具合にはならない。そこでは、聖餐をより頻繁に行おうという提案に対して、往々にして次のような反応が出てくるのである。「しかし私たちはそうした礼拝を好む人たちのために、小礼拝堂（チャペル）で八時三十分から聖餐を行っているじゃないですか」。

　牧師はできる限りはっきりしたかたちで、なぜ人々が聖餐に抵抗を覚えるのかという原因を明らかにする必要がある。もし会衆が「礼拝があまりにも

長くなる」ことに不満を抱いているとしたら、牧師は適切な時間の枠組みの中で聖餐を行えるように調整することが求められる。言葉や行為を何度も繰り返すようなことは省かれるべきだろう。聖餐の基本的パターンをじっくり学んでみるならば、今日の私たちの聖餐のやり方がいかに本質的なものをわずかしか備えていないかということに驚かされる思いがする。聖餐はあわただしく行うべきものでもなければ、一種のカフェテリア・スタイルのような簡略化した食事でもないが、他方、会衆の時間的な制約のもとでそれを行うように調整することも可能である。思い出してほしいことは、（取ること、祝福すること、裂くこと、与えることといった）四つのパターンが聖餐における最も本質的なことがらのすべてであって、それ以外は皆、二次的なものだということである。もし会衆が、自分たちの牧師は聖餐をわずらわしい雑用のように考えているらしいとか、聖餐のせいできちんとした説教をする時間がないのでちょっとした「小説教」や「メディテーション」をしているようだとか、あるいは外国語のように聞こえる話し方や古代の言語を使っているみたいだと感じているとすれば、人々が聖餐に大きな関心を寄せることはほとんど望めないであろう。しかしもし牧師が聖餐に期待感を持ち、その力が人々に与える祝福に十分な信頼を寄せているとすれば、その姿勢に応答しない会衆はほとんど存在しないはずである。聖餐が行われなかった主日に会衆が何かもの足りなさを覚えるようになった時、すなわちキリスト教礼拝の完全な経験を体験しそこなったと感じるようになった時に、まさしく牧師はその会衆の礼拝において聖餐を本来の正当な位置に取り戻すことに成功したと確信することができるだろう。

　聖餐をめぐって多くの教会で継続しているひとつの問題は、重々しい悔悛的な雰囲気や暗い葬式のような形でそれが「祝われている」ことである。本章の冒頭における聖餐についての歴史的神学的な議論でも述べたように、私たちは聖餐が（死別した友人を偲ぶための悲しい葬式ではなく）キリストにおける神の力強い働きを覚える勝利の祝祭であることを明確にしてほしいと願っている。あまりにも多くの人々が今もってきわめて個人的で私的なことがらとして（ある意味で主日における悔悛の儀式のように）聖餐に臨んでいる。こうしたことがユーカリストを歪めている。聖餐は交わりと共同性を含む家族的な出来事である。幸いなことに、ルター派や米国聖公会、長老派、ローマ・カトリック、そして合同メソジスト教会の新しい聖餐式文のほとんどは、

こうした喜びに満ちた共同体的な精神を強調している。こうした新しい式文を注意深く導入し慎重に実践することは、多くの教会で聖餐の中心性を再発見するための助けとなるであろう。聖餐の賛美歌を注意深く選ぶことは、その式の雰囲気を整える上で最も大きな力となりうる。実際の陪餐の場面で歌われる会衆賛美は参加している感覚を高め、その機会を喜ばしいものとする助けとなる。しかし神の声を聞くための意義ある沈黙もまた重要な意味を持っている。奉献の時の賛美歌は神に対する私たちのささげものの喜びと感謝に満ちた性格を強調する。忘れてはならないことは、私たちキリスト者が礼拝を行う日曜日はイースターを記念する日であり、喜ばしい勝利と凱旋の日であるという事実であり、私たちの集いはそうした喜びと凱旋を前面に押し出す必要があるということである。

　聖餐は、多種多様なシンボルや象徴的行為にとっての卓越したコンテキストを提供するものであり、それらのものは教会に対する目に見える能動的な「御言葉」となる。礼拝の最初に信徒が聖書を礼拝堂の中に運んでくる 行　列 は、「御言葉」が「私たちの御言葉」であり、私たちすべての者が依り頼む信仰と実践の宝庫としての「御言葉」であることを象徴するすばらしい方法である。聖書の「御言葉」はまたアンボー（ambo）に置かれることによって注目を集めるものとなる（アンボーとは、礼拝堂正面の左右に説教壇［pulpit］と聖書朗読台［lectern］を別々に配置するいわゆる「分割型の内陣」［divided chancel］形式と対照的に、両者を一体化して置く形式の壇である）。説教の言葉は朗読され聴従される言葉〔聖書〕から分離されるべきではない。古くからの実践である「福音書行列」を行うことを希望する人々もあるかもしれない。これは福音書を朗読するために、会衆席のただ中に聖書と明かりを持ち運ぶというやり方である。

　ロウソクを置く位置は、聖餐卓の上よりも、御言葉の朗読と傾聴を「照らす」ために、どこであれ聖書が読まれる場所にするべきである。聖餐卓には本やロウソクや十字架を雑然と置くことをせず、何も置かないままにしておくのが最善である。そうすることによって、パンとブドウ酒がささげられる時に私たちのまなざしが二次的なものによって邪魔されることもなくなるだろう。聖餐卓は簡素で実用的なもので、〔壁などに寄り添うのでなく〕自立した食卓に見えるものであるべきである。重厚な装飾を施した「宗教的な」テーブルもしくはサイドボードのように、様式や装飾を重んじすぎるあまり機

能性を失うということは避けなければならない。奉献の後、そして陪餐の直前に、聖餐卓は「聖なる民」のために備えられる「聖なる食事」として、注意深くドラマ性をもって整えられなければならない。こうした準備が会衆の期待感を高めると同時に、聖餐が食事であることを強調するものとなる。

　私たちは聖餐で用いるパンとブドウ酒にもっと注意を払わなければならない。洗礼の場合に見られたように、私たちはあまりにも長い間、サクラメントの物素（エレメント）に対して無頓着なまま過ごしてきた。本物のパンとブドウ酒を使って聖餐を祝うようになるまで、私たちは十全なかたちでこの祝祭を回復するに至ったと言うわけにはいかないであろう。アマチュアの酒造家に聖餐用のブドウ酒を提供してもらうように協力依頼することもできるだろう。教会の中のいくつかの家族やグループにパンを焼いてもらい、いろいろなささげものと共にそれを奉献することも考えられる。こうしたやり方は子どもたちが聖餐に関わるためのよい方法でもある。聖餐への子どもの参与ということは、たとえ幼児洗礼を受けていても主の食卓における陪餐から子どもを排除している多くの教会にとって喫緊の課題である。受洗した子どもを聖餐から除くというのは神学的にも歴史的にも成り立ちえないやり方である。洗礼を受けた子どもは神の家族の完全な一員であり、神の家族の集いでなされるすべてのことがらに（聖餐のための神の家族の集いも含めて！）完全に参加すべきなのである。

　たっぷりとした量のパンとブドウ酒が用いられるべきであり、それらを容れる杯やピッチャーや皿はシンプルでありながらも高い品格を感じさせるものが望まれる。ブドウ酒はピッチャーからひとつの杯の中に注ぎ、パンはひとかたまりのものを裂くべきであり、それらの行為を会衆がすべて見ることのできるようにしなければならない。パン裂きはユーカリストにおけるクライマックスとも言うべき瞬間である。パンを裂くことは、礼拝における豊かな象徴性に満ちたこの行為にふさわしい畏敬の念とドラマ性を伴って行われる必要がある。「パンを裂いてくださったときにイエスだと分かった」（ルカ24・35）ということを忘れてはならない。このことは礼拝における可視的な参与と一致の感覚を高めることになる。

　会衆にはパンとブドウ酒の物素（エレメント）が丁寧にたっぷりとした量で与えられるべきである。それらを配る時は、一人一人を尊重した親密な雰囲気で行われなければならない。その人のクリスチャンネームが用いられてもよい（「ジ

ョン、これはあなたのために備えられたイエス・キリストの体」)。〔配餐者と陪餐者はここで〕目と目を見交わすことになるだろう。手で触れることがあってもいいかもしれない。人々がいろいろなやり方で陪餐することを希望する場合もありうる（たとえば、お互いにパンとブドウ酒を渡し合うとか、教会暦のそれぞれの期節に応じて違った姿勢で受けるなど）。私の知る中で聖餐のリーダーシップを担う人々に最も良いガイドブックとなるものとして『これぞあなた自身の神秘（*It's Your Own Mystery*)』(Washington: The Liturgical Conference, 1977) という本を挙げておく。

　最後に、教会のすべての礼拝と同じように、私たちは聖餐のリーダーシップに関してもより多くの信徒の参与を求めたい。聖餐を司式し礼拝を導くことは司祭や牧師の義務である。司祭は食卓における四つの行為を行うと共に「感謝の祈り」をささげる責任を負っている。しかしこの儀式のその他のすべての面において、会衆をリーダーシップの分かち合いへ招くことは可能である。パンとブドウ酒の物素（エレメント）を配る際の信徒の補助は、たんに時間の節約というだけでなく、私たちを結び合わす洗礼のゆえにすべての信徒が祭司的な役割を共有することの美しい象徴ともなる。（聖餐についての適切な教育と省察を踏まえた上で）信徒も牧師と共に、いろいろな聖餐の実践方法を考案し導くことができるようになる。信徒は、それぞれに与えられた特別なリーダーシップの賜物に基づいて選ばれ、そのリーダーシップの役割に関する注意深い訓練を受けた後に初めて、聖餐におけるリーダーシップを補助する働きを担うべきである。

　このような実践を通じて、神の賜物は神の民を養う食べ物と飲み物になる。そして飢えた者は満たされ、福音の約束が成就するのである。

第3章

信仰共同体のアイデンティティの成長——教会暦

COMMUNITY GROWTH IN IDENTITY: THE CHURCH YEAR

信仰共同体がたどる一年の流れがある。日曜日の朝、色づいた葉が落ちる中を教会にやって来る時、また秋の朝の太陽が輝いているにもかかわらず大気が冷たく感じられる時、人々は冬が迫っていることを実感する。またスミス夫人が自分の庭から持ってきた花を「これで来年の春まで花は見おさめです」というお知らせと共に聖餐卓の脇に飾る時、あるいはまた作物の収穫を終えた後、薄暗い夕暮れの闇や道ばたの乾いた植物の茎や幹が憂鬱な雰囲気で様々な事物の死すべき定めについて私たちに語りかける時、私たちは農作業においても教会においてもその年が終わりに近づきつつあることを知る。時は秋、まもなくアドヴェントを迎えるのだ。

　私たちの宗教的祝祭のほとんどはそれ以前の農耕に関わる祝祭に起源を持っている。たとえばユダヤ教の過越祭のルーツは大麦の収穫祭にさかのぼることができる。イースターやアドヴェントのようなキリスト教の期節にも農業との関連性を見てとるのは難しいことではない。自然の継続的なそして永続的に見える死と再生に関するいろいろな神話において、太古の人々は秋と春の季節の経験から得た理解を表現し、そうした自然の絶え間ない流れに影響を及ぼすことを求め、あるいは少なくとも彼らの命をそうした流れに調和させることを求め、そして人生の有為転変と時間のもたらす災いから自らを救い出すための手段としてこうした自然のリズムに与ることを求めたのであった。永遠に続く種まきと収穫のリズムの中に自分自身を織り込むことによって、人間は不死性という幻想を得る。永遠に続く生起、死滅、そして再生という驚くべき魅惑に満ちた自然の営みを私たちの人間的な欲望と結びつ

けようとする豊穣を求める礼拝は、普遍的かつ継続的な訴求力を有している。農村部の教会で、人々が情緒的な面だけでなく経済的な面においても今なお自然や季節に対する日常的関わりが保たれているところでは、教会の暦も農作業に結びついた自然の季節的な祝祭との関わりによって評価されたり重要性を認められたりする傾向がある。礼拝に関わる暦は古い時代の農業の祝祭に起源するものであり、このような農村の教会では意味を持つのに対し、より都会化された環境では意味を持ちにくい。

　しかし都会やその郊外であってさえ、教会は一年の流れに区切りをつけるいろいろな行事のリズムの中でまさにその生活を守り、また自らのアイデンティティを発見するのである。期節ごとの祝祭は、たとえば秋における学校の新年度の始まり、地域の高校のフットボール・シーズンの開幕、教会の若い家族たちがクリスマス休暇中に実家や親戚の家を訪ねるために一斉に教会を出発する前夜、あるいは地元の企業が従業員全員に与えた二週間の夏期休暇の始まる日など、日常的な出来事の中の区切りをしるしづけるものとなりうる。予測可能な、そして確実性を持った特別な時によって構成されるリズムは、ひとつの共同体に独自のアイデンティティを与え、その生活における重要な移り変わりの時をしるしづけ、共同体の歴史における大切な出来事を記念するものとなる。

　いずれの家族もその生活における大切な経験を祝うというのとまったく同じ理由から、教会もまたいろいろな期節と日を祝う。どの家族も期節ごとに行う儀式の積み重ねによって、しかも変わることのない定期的な営みを予測可能なパターン化された方法で祝うことによって生活している。どの家族も感謝祭やクリスマスのような年間の祝いに関して、その家独自の習慣や料理のレシピを持っている。どの家族も週ごとの独自の儀式を持っている。たとえば特定の雑用は土曜日に行うとか、またそうした仕事を毎週、期節ごとに、年ごとに（不文律のような）特定の決まった方法で始めそして終えるというやり方で。こうした記念と祝祭のリズムは世代を超えて受けつがれていく。それは家族を形作る最も重要な手段であり、またそれは家族に属するメンバーとそれ以外の者を分かつ手段である。一致、結束、そしてアイデンティティは家族の期節ごとのもろもろの営みを通して強められる。「私たちの家族はいつも六月の最初の週をみんな一緒に海岸に行って過ごします」。家族のアイデンティティについて問う人物に向かって、その家族の幼いメンバーの

一人はそんなふうに語ることだろう。こうした期節ごとの儀式のひとつがきちんと守られないことがあれば、たとえやむをえない事情があったとしても、家族のメンバーは誰もが不快、失望、混乱といった思いを感じることだろう。それは家族の特別な出来事を侵害したばかりでなく、家族のアイデンティティに対する侵害という意味を含んでいる。「今年のようにジェイソンおじさんもいなければ、おじさんの作るエッグノッグもないクリスマスなんて、クリスマスじゃなかったよ」。誰かがそんなふうにつぶやくことだろう。

　「神の家族」は、年ごとに繰り返す儀式において問題になっているのが、彼らのアイデンティティであることを直感的に知っている。多くの教会が保守的な傾向を持ち、また実際に保守的である理由のひとつは、ほとんどの家族と同じく、「神の家族」もまた家族の過去を遺産として受けとめることに、時間をたんにだらだらと続く無意味で時計的な流れ以上のものとして取り扱うことに、そして「私たちは何ものかということを知ること」に偉大な価値があると感じているからである。私たちが守る祝祭がただの時間を「私たちの」時間にする。ある教会においてパターン化された時のリズムに対して、またその時の祝い方や区切り方に対して、新しく加わった牧師やメンバーがそうしたことをうっかり無視したり無神経に取り扱って混乱が生じることがあれば、その共同体はただちに彼らに向かって、「こうしたやり方は私たちがここでなじんできたやり方ではありません」と告げることだろう。共同体は今存在する会衆のアイデンティティを守り育て、また過去の先達たちによって語り伝えられてきた会衆のアイデンティティを守り育て、そして未来に対する夢を共有する会衆のアイデンティティを守り育てる。そうすることによって共同体は、教会が最古の時代から守ってきた時に対する取り扱い方の一定部分を継続し続けているのである。

キリスト者として時を守るということ

　教会はその最初期から、キリスト教的な時間へのアプローチが重要であるというだけでなく、それが広く一般に受け入れられている時間理解とは異なることを主張してきた。初期の時代、キリスト者は個人が祈るために一日をいくつかの時間に区切るというユダヤ教の実践を採用した。こうした「時課」は、共同体の礼拝以外の場面において、キリスト者が日々の信仰行為を守る際の枠組みを提供した。また一週間のそれぞれの日にも、ユダヤ教徒が

そうしていたように、特別な意味が付与されることになった。それぞれの日が特定の祈りと信仰的な営みのために割り当てられたのである。このような日ごとの祈りのリズムと週単位のリズムについては、第5章で取り上げることにする。

　教会で行われる教会暦の祝祭において、私たちはイエス・キリストの生涯と教えをたどる巡礼の旅を経験する（"The Christian Year," *BOW*, pp.224–420 参照）。教会暦はクリスマスとイースターの祝いを中心とする主要な二つのサイクルによって構成されている。クリスマスのサイクルには、アドヴェント（待降節）、クリスマス（降誕日）、エピファニー（公現日）が含まれており、イースター（もしくはパスカ）のサイクルには、レント（四旬節、受難節）、イースター（復活日）、ペンテコステ（聖霊降臨日）、そしてペンテコステ以後の期節（もしくは「通常の時」ordinary time）が含まれる。こうした週ごとのまた年ごとのサイクルをたどることによって、教会は自らのアイデンティティを表現し、また時間についての信仰を表現する。事実、教会のアイデンティティの独自性の一部は、時間に対する教会の独自の見解に由来しているのである。

　教会暦の源泉の一部は農業にまつわる特定の習慣に由来するが、しかしそれは豊穣をもたらす自然のサイクルを土台にした時間観とはまったく異なるものである。ミルトン・クラム教授によれば、循環的な歴史や生命の永劫回帰という神話を持つ二十世紀の異教徒たちは、「明日はいつもある」「太陽のもとに新しいものは何もない」「いつでも別のチャンスが残っている」と告げるのだという。しかしキリスト教の福音は、歴史はひとつの終末点を持っていること、決断すべき時は今だということ、いつもその次の何かが残されているわけではないということを告げる。また福音は、私たちの生が、意味もなしにいつまでも軋み音を立てて回り続ける運命の輪の犠牲となること以上のものであることを告げる。そしてさらに福音は、自然に対する大なり小なりの執着はそれを土台として私たちの人生を建て上げていくには不十分であって、自然の永遠性という見かけは幻想にすぎないということを告げる。

　キリスト教の時間理解は異教徒の自然サイクルに表現された時間の観念を拒絶するだけでなく、それはまた時間に対する純粋に歴史的な見方をも否定する。イスラエルは歴史におけるいろいろな出来事を神の業として解釈することで、年代記的な時間というものに重要な意味を与えていった。歴史は単

なる自然的サイクルの繰り返し以上のものであって、さらにそれは興味深くはあるものの本質的には意味のない無関係な歴史的出来事の連なる一本の糸のようなもの以上のものであった。歴史とは救済史だったのである。旧約聖書には、歴史を神の驚くべき摂理的な行為と見なす見解と、近隣の異教徒たちのように歴史をたんなる自然サイクルと見なす見解の間で、イスラエルの民が常に葛藤を経験していたことが記されている。イスラエルにとって、歴史とは神によって贖われたものであり、私たち人間に対する神の関わりを不断に証しするものであり、私たちの信仰の宝庫であり、私たちのアイデンティティの源泉なのである。

　時間を救済史と見なすという崇高な理念にも問題がないわけではない。すなわちそれが私たちの生をたんに過去を記念したり未来を待望したりすることにだけ結びつける時、しばしば問題が生じることになる。時をめぐる私たちの祝祭は古き良き時代への現実逃避的な郷愁となったり、あるいは未来のユートピアに対する現実逃避的な夢となったりすることがある。過去と未来という時間が今という時間を呑み込んでしまう。時に対するそのような思いは、個人としてまた集団としての私たちを衰弱させ、現在という時を誠実に生きるという責任から私たちを遠ざけることになる。なぜならそこでは私たちの関心は過去を再体験することにあり、あるいは未来を展望することにあるのだから。前者の危険性は大半の信仰復興運動（リバイバリズム）に内包されている弱点（現在を過去に置きかえようとする弱点）である。

　教会暦（今日では「礼拝暦／典礼暦」としても知られている）は四世紀に始まったものである。コンスタンティヌス皇帝のもとで教会と世界の間に平和が訪れた。教会はもはやローマ社会の周縁にあって迫害される対抗文化的（カウンターカルチャー）な運動ではなくなった。今や教会は自らを社会を構成する一員と見なすようになり、文化に敵対するものではなく、文化を変容させるもの、文化に「洗礼を施すもの」と自認するようになった。

　四世紀のエルサレムの主教キュリロスは、イースターの時期にエルサレムに集まる何千人もの巡礼者たちのために一連の礼拝諸式を整えていった。彼が巡礼者のために発展させたもろもろの礼拝式の中には、後に「枝の主日／しゅろの主日（Palm Sunday）」として知られるようになる日を始まりとして、「階上の部屋」における最後の晩餐の記念、「受難日（Good Friday）」における十字架の記念、そして最後に墓所において行われる喜びに満ちた復活の祝

いが含まれていた。こうして「聖週間（Holy Week）」が誕生した。このような一連の記念の礼拝の実践はいろいろな場所で模倣されていった。発達しつつあった教会の暦にはその他にもクリスマスやエピファニーのようなキリスト教の特別な記念日が考案されて付け加えられていき、教会暦を形成していった。こうして大半のキリスト者の目から見れば、教会暦とはキリストの生涯もしくは教会の歴史の中で起こったいくつもの出来事を土台として構成された年代記的な記録と見なされるようになり、毎年毎年秩序正しく時を刻む一種の「礼拝時計」のようなものとなっていったのである。

しかし教会暦の源泉である新約聖書においては、キリスト教的な時間観とは超越的なものであり、時間に対する年代記的歴史的な見方には否定的ですらある。福音によれば、私たちは「終末の時」に置かれているのであり、それは自然的なサイクルの果てしない繰り返しの終わりであり、刻々と進んでいく時間における記念と待望の果てしない繰り返しの終わりである。イエスはエスカートン（*eschaton*）すなわち「終わりの時」を啓示するために、この世界に来られ、死に、そして復活されたのである。

キリスト教的な時間観の最たる特徴はその終末的な性格にある。「今や、恵みの時、今こそ、救いの日」（Ⅱコリント6・2）。信仰とは過去の歴史的な出来事を記憶する以上のことがらであり、未来に対する希望以上のことがらである。信仰とは、今ここに君臨する主に対して、今ここにいる私たちが信頼をささげることである。過去・現在・未来がこの主のもとで出会い、この主によって意味づけられる。福音は常に私たちに対する終末的（字義通りに言えば「最後の言葉」という意味）なメッセージであり、それは今ここにいる私たちの生が神の愛の働きによって自由なものとされたことを告げる。私たちは今や創造の目的を知らされたものとして、またこの地上の歴史の最終章がどのような終わりを告げるかを知らされたものとして生きるべきなのである。

時として教会は、福音の物語をあたかもたんなる歴史的な物語であるかのように語ることがある。教会は自分自身のことを何か大切なものを守り保存する存在、過去の時代の人々によって託された貴重な骨董品を注意深く護持し継承する存在であるかのように理解することがある。しかし福音は過去の歴史の遵守に還元されるようなものではない。そのような行為は福音を冒瀆することになる。キリストは過去の時代に生きかつ死んだ歴史的な人物にす

ぎず、現在の私たちは敬意をもって彼を記憶すればいいというわけではない。キリストは現在も生ける主であり、今ここで私たちに弟子であることを求めておられる主であって、過去という安全な距離の彼方に遠ざけられてしまうような方ではない。

　キリストをめぐる課題とは、私たちがどのようにして彼を想起すべきかということではなく、私たちがどのようにして彼に仕えるべきかにある。福音をめぐる課題はイエスの時代と私たちの時代の距離にあるのではなく、「私たちは何ものか」ということと「イエスは何ものか」ということの間に横たわる距離である。私たちは次のように考えることでしばしば自らを欺くことがある。すなわち私たちが向き合っているのは歴史的な問題なのだとか、現代の私たちにとって福音の出来事とはそれを思い出し記念すべき古代の歴史なのだとか、あるいは私たちは信仰を現在における行為としてよりも過去の記憶として定義するとかいったやり方で（なぜならそうする方が私たちにとってずっと容易だから）、自分自身を欺くのである。私たちは、もっとたくさんの情報が必要だとか、私たちの時代はキリストの時代とまったく異なっており無関係なものになってしまっているとか、あるいはまた私たちの礼拝や説教の目的は過去を追憶することにあるとかいった弁解を重ねようとする。そうすることによって私たちは、イエスが私たちに今求めている要求から自らを守ろうとする。「今日はペンテコステです」と説教者は語るかもしれない。「そこで私はキリスト教の暦におけるこの日の始まりとその意味についてお話ししようと思います」。キリスト教の宣教の場で行われるこうした歴史的なレクチャーは、私たちの狭く小さな信仰の博物館の中に聖霊が浸入してくることから確かに私たちを「防衛」してくれるにちがいない。

　教会暦が、またなんであれ年ごと、期節ごと、月ごと、週ごと、あるいは日ごとのいろいろな行為から成る教会のリズムが、純粋に歴史的・記念的・年代記的な方法で用いられる時、またそれらが（すでに指摘した点に戻るならば）純粋に自然的で循環的な方法で用いられる時には、その教会の時間に対する理解は福音が時間について告げる証言以下のものとなることだろう。

　私たちは「時の間」を生きている。そして私たちは、常に、「時の間」を生きてきたのである。私たちの生は「今」と「未だ」の間の厳しい緊張のもとに置かれている。様々な欲望、自然崇拝、占星術、そして自らの歓楽のために豊穣を求める祭儀といった新しい異教に、また救いと不死にいたる道を

ジョギングやダイエットによって手に入れようとする新しい異教に何百万人
もの人々が心を奪われている時代にあって、教会に求められる重大な使命は
そのような異教が示唆する無限の時間という幻想に挑戦することである。現
在が過去に呑み込まれている教会において働く牧師は、また古き良き時代が
現在という時代よりもキリストの弟子として生きるのにふさわしかったと考
えるような教会において働く牧師は、現在を決断と行動と信仰の時として見
つめる福音を宣べ伝え、未来を希望・確信・審判の時として見つめる福音を
宣べ伝えることが求められる。私たちは終わりの日々を生きている。そして
また私たちキリスト者は、常に、そのような日々を生きてきたのである。

　教会暦は終末的なもの、すなわち福音の最後の言葉を伝達する力強い手段
となりうる。教会暦は礼拝における選択可能な工夫のひとつというような
ものではない。それは常に現在的なものである福音を、（新しい聖書日課や特
祷のひとつを用いたり、聖人の記念日を守る際の）言葉を通してだけではなく、
（期節ごとの掛け布や絵画やシンボルや礼拝順序との関わりにおいて生じる）出来
事を通して宣べ伝えるための手段なのである。

　事実、教会は独自の暦を用いることによって時間に対する世俗的な観念を
克服しようとする。教会暦は、循環的な時間というのはひとつの幻想であ
り、年代記的な時間は不適切であると告げる（"The Calendar," *BOW*, p.224 参照）。
現在という時間はキリストとその福音の時間としてのみ意味をもつものとな
る。私たちが教会暦のいろいろな期節を過ごすのは歴史上の一連の出来事の
思い出をとぼとぼとたどるためではなく、多くの異なる場面において福音が
満ち満ちていることを告げ知らせるためである。

　伝統的な礼拝の暦や聖書日課に沿って説教や祈りを整えようとしない教会
は、聖書の適切な取り扱いについて、また礼拝の中で福音を十全なかたちで
表現し実践するに際して、いつでもたいへんな困難に出会うことになる。プ
ロテスタントのきわめて多くの説教と礼拝が、こうした主題に対する未熟さ
ゆえの犠牲となっている。

　自由教会の流れを汲むプロテスタントに属するきわめて多くの人々が、自
分たちは聖書を重んじていると言う。それにもかかわらず彼らは礼拝におい
て聖書の多くの部分を朗読しようとしない。新約聖書の書簡は無計画なかた
ちで朗読されている。旧約聖書は完全に見過ごしにされている。聖書朗読の
テキストはあまりにも頻繁に牧師個人の好みによって左右されている。聖書

日課はこのような聖書に対する冒瀆を修正するものとなる。私たちが受けつ
いだ聖書日課（文字通りに言えば「朗読集（Readings）」）は聖書を一年周期で
継続的に読むシナゴーグの習慣に由来するものである。中世になるまで、教
会では毎週日曜日に旧約聖書と使徒書と福音書から選ばれた三箇所の日課を
読んでいた。時には説教者がこれら三つのテキストのいずれかを取り上げて
説教することもあったが、必ずしもそれが日課朗読の第一義的な目的だった
わけではない。日課朗読の第一義的な目的とは、神の民は礼拝の中で神の
言葉を聴くべきであるというごく単純な主張にあったのである。宗教改革の
時代、聖書日課は教会における聖書の自由な活用を制限していると主張する
人々が現れた。しかし聖書日課を使用しなかった自由教会の人々が実際に経
験したのは、それとまったく正反対のことだったのである。聖書日課を使わ
ないことによって、私たちが聖書に触れる機会が豊かになるどころか、私た
ちはむしろそれを限定してしまったのである。新たに作成された三年周期の
エキュメニカルな聖書日課は、神を礼拝する人々の礼拝において神の言葉を
取り戻すためのすばらしい機会を与えてくれている。

　私たちの中の多くの者にとってのもうひとつの大きな問題は、私たちが
教会暦の伝統的な祝祭に従うよりも、それぞれの教派的なプログラムもし
くは（「母の日」とか「国連（創立）記念日」とか「スチュワードシップ・サンデ
ー」のような）世俗的な祝祭を土台にして主日礼拝を形作ってきたことであ
る。このような「行事中心的な暦（programatic year）」は礼拝というものを神
への礼拝ではなく、各教派の最新の企画のための自己目的的な集会に変えて
しまう。そこで私たちが焦点を合わせているのは、神がイエス・キリストに
おいて成就された神の善き業よりも、なんであれ会衆を促して善き業を行わ
せることである。行事中心的な暦は礼拝に集う人々が福音に示された全体の
調子を聞きとる機会をじゃますることになる。

　教会暦は信仰に関わるいくつもの偉大なテーマを宣べ伝える上で、また私
たちが活動している時が信仰と希望の時であることを確信する上で、さらに
私たちの人生はただひたすらに私たち自身の働きを土台とするのでなく、キ
リストと今なお継続する彼の働きを土台として整えられるべきことを確認す
る上で、大きな助けとなる。

　教会暦、聖書日課、そして聖人の祝祭は私たちの礼拝を豊かなものとする
手段であるが、それは私たちを福音における過去の出来事が起こった時代に

引き戻すことではなく、私たちの現在の生が福音に満たされて前進するように呼びかけることによって、また現代の私たちが「良きニュース」（福音）と見なすものの中に実はそうではないものが含まれていることを暴露することによって実現するのである。

　大半の家庭では、毎年繰り返される特別な期節や日々から生まれる喜びや教えがあることをすでに知っているはずである。教会暦の祝祭（「記念」ではなく）は会衆が自らを教化するための自然な方法である。しかし牧師は私たちが祝う時が、キリスト教的な意味における「時の終わり」であり終末的なものであることに注意をはらわなければならない。以下の叙述において、教会暦による祝祭がキリスト者のアイデンティティを成長させる時となる可能性を探るためのいくつかの規範を示してみたいと思う。

　私たちはまず礼拝の暦の中で私たちが関与することが、たんに歴史的意味で記録されたキリストの生涯のいろいろな史的事実の周期的な繰り返しではないことをはっきりさせておかねばならない。私たちの教会暦はこうした出来事が今日ただ今の私たちにとって意味するリアリティを祝うのである。聖餐に関する議論においても記したように、キリスト者にとっての「想起（アナムネーシス）」は歴史の追想ではない。むしろそれは私たちが何ものであるかを思い起こすという意味における想起なのである。教会暦はたんなる過去の記憶を表現するものではなく、現在の私たちにアイデンティティを与えるものである。私たちの礼拝がたんにノスタルジックなものに成り果ててしまったり、あるいは（それと正反対に）現代の文化的価値観を表面的に繰り返して「当面の問題に関わる」だけの根無し草のような試みに陥ってしまっていることはないだろうか。私たちの礼拝は福音を告知し実践するための誠実で痛みに満ちた現代的な営みとなっているだろうか。私たちはこの福音の光のもとで、神が私たちとの過去と現在における関わりにおいてなさったことの意味を理解し、またそれと同じく神が私たちにどのような未来を準備しておられるかを知るのである。

　次に、教会暦はキリスト者が毎週の礼拝を整えるための規範的な方法となる。世俗的な暦あるいは「行事中心的な暦」（そこではひとつの教派による行事の次に別の教派の行事に移るというやり方も可能である）は私たちの礼拝生活を整える際の適切な手段ではない。キリスト論を中心とする礼拝暦は（聖人たちの生涯の祝祭によってさらに豊かさを増し加えられつつ）、私たちの時を一

貫して整えるための、歴史的、神学的、そして聖書的に信頼すべき方法である。

　さらに、聖書日課を用いることで可能となる、聖書の組織的な朗読と説教というやり方は、私たちの聖書の使用法を整える上で最良の方法である。聖書がキリスト教のメッセージとキリスト者の生活に中心的意味を持つことを信じる私たちに対して、聖書日課の使用は聖書に含まれるいろいろな証言のすべてを私たちにはっきり示すものとなる。

　最後に、主日は常にキリストの働きをその中心に置くものでなければならない。聖人たちの祝日、特別なイベント、そして礼拝の期節の移り変わりは様々なキリスト教的テーマを提示し、私たちの礼拝にとって有益な助けとなりうるけれども、他方、私たちは教会暦を雑然としたものにするべきではなく、礼拝における中心的な祝祭、中心的な焦点がキリストとその贖いの業にあることを曖昧にしてはならない。主日は、教会暦の期節の如何にかかわらず、常に「復活の日」である。

教会暦による周期的な信仰教育

　以下に記すことは、あまりにも明白なことであり、また決して新奇なことではない。すなわちそれぞれの家族のアイデンティティは彼らがその時々において、日々において、また機会あるごとに守る祝祭によって形成され保持されている。それぞれの国家はその国の記憶と理念のために選ばれた日々を拠り所としている。個人の生と社会生活は、その価値観や方法を凝縮し表現する機会となる特別な日々や期節によって、その意味と目的を獲得することになる。私たちの信仰、私たちのリアリティの認識は、私たちが「聖」と呼ぶ日々によって決定される。啓示、すなわち私たちの生における完全で充実した神経験は、私たちが自分の生活におけるそれぞれの期節と繰り返す周期をどのように祝うかという体験によって影響を受ける。私たちの召命の感覚とその結果を反映する私たちの行動は、私たちが想起し再現するいろいろな物語によって条件づけられる。ただ過去の祝祭を通してのみ、現在は特定の性格を帯びるものとなり、未来は重要性を持つようになる。それぞれの祝いと祭りは歴史的な重要性を持つと共に、今日に生きる人々と彼らが形作るいろいろな共同体に関わりを持つものでもある。アドヴェントはキリストの到来に対する過去と現在の期待を呼び起こすだけでなく、また私たちの時代に

おけるすべての期待と忍耐に触れるものであり、そうした期待と忍耐を象徴するものでもある。待望という感覚はひとつの期節にだけ限定されたものではない。むしろ私たちの注意をそのような経験へ方向づける特別な時間を取り分けることによって、私たちはすべての待望の経験を聖なるものとすることができるのである。

　私たちが祝う日々が私たちの生を形成する。特別な瞬間を経験し、それらを振り返ることによって、私たちは人生の意味を発見する。そしてそうした発見を通して私たちの判断と行動が決定され鼓舞される。教会暦はイエスの物語を想起し、それを祝うための手段を与える。最も重要なことは、教会暦がイエスの物語を私たちの物語とするための手段を備えてくれることである。私たちの生活と教会暦が交差する場面を経験することによって、私たちの生活に変容をもたらし活力を与えるキリストの臨在が明らかなものとなる。そしてそれは、私たちの日々の行為がキリスト教信仰によって活気づけられることを可能にするのである。

　私たちは教会の魂というべきもののサイクル、その祝いと祭りと断食のサイクルを共有することによって、私たち個々人の物語がキリストの物語と人類全体の物語を構成する一部なのだということを発見し始める。孤立した個々の自我などというものはフィクションにすぎない。私たちが有するのは共生的な自我であって、それはすべての他者の自我との間に、また神との間に生じる継続的でダイナミックな関係の中に生きるのである。自我はそうしたもろもろの関係によって構成されている。すなわち人間の生は本質的に共同的なものである。神は人間を共同体を必要とするものとして創造された。私たちはただ一人で人間であることはできない。共同体と共同のアイデンティティというものは任意のものではない。私たちはまさに共同体とその物語のコンテキストのもとで時を祝うことによってのみ、自分が何ものであり自分がどなたに属するものであるかを知り、また自分の生の意味と目的を理解するのである。

信仰教育とキリスト教の暦

　キリスト教の暦がリアリティを持つようになるためには、当然のことながら、その暦が実際に活用され経験されることが必要である。すなわち私たちはたんなる受動的な傍観者のような姿でそれを守るべきではない。時間の中

のどの一瞬も救いを経験する機会となる。けれども特定の聖日を設けること
がなければ、私たちの日々が「聖なる日々」となることはない。それゆえに
キリスト教信仰に立つ共同体は一年を等分して秩序づけることを行ったので
ある。その最初の半分はアドヴェント、クリスマス、そしてエピファニーを
含むキリストの降誕をめぐるサイクルによって構成されている。そして他の
半分はレント、イースター、そしてペンテコステを含む復活をめぐるサイク
ルである。こうした栄光に満ちたサイクルの輝きのゆえに、それ以外の通常
の時もまたそれらに次ぐ良き時として位置づけられることになる。

　いずれの年も人間的な希望と期待をふたたび指し示すことによってスター
トする。アドヴェントが祝うのは、私たち人間の個人的また社会的な救いへ
の憧憬である。それはいろいろな希望とヴィジョンについて想いを寄せる期
節であり、私たちの中に秘められている可能性を思い起こす時である。アド
ヴェントは私たちが背負う自らの生に関わる永遠の希望を再び経験する助け
となり、私たちの願いの成就というヴィジョンを分かち合う助けとなり、そ
して耐え忍びながら神からの完全な賜物を待ち続ける必要を分かち合うため
の助けとなる。クリスマスは神がイエス・キリストにおいて私たちのもとに
やって来られた物語をふたたび告げる。この期節は私たちがすべての新たな
誕生の瞬間を祝い、すべての新たな始まりの時を祝い、そして本当は私たち
が何ものであるか、そして私たちがどなたに属するものであるかを示す新た
な啓示と洞察を祝う時である。エピファニーは神に向けられた人間の運動を
思い起こさせる。この期節は充溢、完成、全体性、そして健全さへと歩む私
たちの巡礼を祝う時である。

　レントは荒野におけるイスラエルの四十年とイエスの四十日を再現する時
である。それは放浪、孤独、そして誘惑の日々である。この期節は私たちが
死すべきものとして生まれてきたという事実を私たちに思い起こさせる。そ
してこの期節は試みと誘惑、また人生の苦しみに触れる時である。私たちは
この期節にもう一度、私たちの不完全さ、破れ、貧しさ、飢えを見出す。私
たちはこの期節に自らの不信仰を意識し、私たちに対する神の思いを故意に
無視したり拒絶してきたことを見つめ直す。そしてそのようにしてまさにこ
の期節は、私たちが神と隣人に対する愛を思い出し、祈りと瞑想、自己否定
と私たちの隣人の必要に応える共同の働きから成る、単純率直な生を送る
ようにという呼びかけを思い起こす時なのである。イースターはキリストの

復活という出来事において成就した、私たちに対する神の救いの業を告げる。この期節において、私たちは生がより豊かなものとなるために、何かをコントロールすることをあきらめ、すべてを本来そうあるべきものへと返し、自らの死を迎える必要があることを祝うのである。それはふたたび生まれ変わる必要を思い起こす時であり、神によって与えられる全きものの希望とその成就をふたたび発見する時である。ペンテコステは聖霊と教会を通して神がなお引き続き私たちと共におられるという物語を語り、私たちのヴィジョンを支え、また全き生き方へと私たちを励まそうとする。それは私たちが、個々人の生と共同の生における健全な世界のしるしとなり、また個々人の生と共同の生においてその完全な姿を証しするものとなるようにするためである。

　これらの特別な期節以外の通常の時において、私たちはキリストの生き方を思い起こし、そしてキリストと共にある私たちの生を祝う。それはこの世における私たちの使命と働きに焦点をあてる期節である。私たちの主イエス・キリストの祝祭の日である主日の連なりから成るサイクルにおいて、それぞれの主日は特定の重要性を持ち、キリストの生と私たちの生のひとつひとつの側面を強調するのであるが、その中でもとりわけ特別な礼拝と祈りの時として守られるべき聖なる日がある。すなわち「灰の水曜日」「枝の主日」「洗足木曜日」「受難日」「ペトロの告白の日〔1月18日〕」「聖パウロの回心の日〔1月25日〕」「主の奉献の祝日〔2月2日〕」「受胎告知の日〔3月25日〕」そして「主の変容の日〔8月6日〕」「諸聖人の日／万聖節〔11月1日〕」「ベツレヘムにおける幼児虐殺の日〔12月28日〕」、さらに多くの聖人たちの記念日である。聖人の日の中にはマタイやヨセフやマリアのように聖書に登場する聖人たちも含まれており、天使ミカエルやその他すべての天使を記念する日もある。また歴史的な人物としては、アントニオス、クリュソストモス、アンセルムス、ノリッジのジュリアン、アウグスティヌス、フランチェスコ、そしてテレジアなどが存在する。さらに現代に近い時代の人物としては、カミロ・トーレス、ルター、ウェスレー、ハリエット・タブマン、バッハ、ボンヘッファー、マーティン・ルーサー・キング・ジュニア、ハマーショルド、そしてマザー・テレサといった人々がおり、これらの人々は私たちに対する神の呼びかけを想起させ、神と共にある聖なる生き方とこの世における聖なる働きの一面を私たちに示している。

《例》

　教会暦のそれぞれの期節の始まりに教会でパーティーを開くというやり方
がある。いくつかの家族がグループとなって、こうしたイベントを計画し実
施することができるだろう。たとえば以下のような期節の例を挙げてみよう。

　アドヴェントは救いへの憧憬の期節、もしくは神の国というヴィジョンを
賛美する期節である。あらゆる世代の人々が、すべてのものに関わる政治的
社会的経済的な正義と平和、一致と自由、そして平等と福利についての神の
掟をはっきりと心に思い描くために、様々な美術の形式や聖書を活用するこ
とができる。パーティーの終わる頃には私たちは自らの破れや不完全さ、不
正、孤独、そして抑圧を認め、私たちの人間的な憧憬は共同の悔い改めの行
為へと変えられていくことだろう。もろもろの悔悛の行為への関与は、私た
ちが神の国で生きるための助けとして実践されるべきである。

　クリスマスには、この期節の忙しさとパーティーの興奮のただ中で、あえ
て神と共にある静かな時を過ごすという方法もある。それはイエスという存
在としてこの世にやって来られ、救いへの途上にあって私たちの友そして同
行者となってくださる神との交わりに、私たち自身を開放する営みである。
そこに含まれるのは、イエスと共に時を浪費すること、イエスと共に人々か
ら離れ沈黙すること、イエスと共に親切な行いをすること、あらゆる感覚と
芸術を活用してイエスと共にいろいろな思いを分かち合う時間を持つことで
ある。その最後には、イエスの誕生パーティーにふさわしい贈り物として、
私たち自身を象徴するような手造りの贈り物を持ち寄り、イエスがそのため
にやって来た人々、すなわち貧しい人々、窮乏している人々、傷ついている
人々、そして苦しめられている人々に贈るようにする。そうした贈り物とは
食べ物のような特定の贈り物というよりも、むしろこれらの人々の置かれた
条件を変革する社会的行動に私たちが参与するということであるかもしれな
い。

　エピファニーは、三人の賢者、マリア、エリサベト、そしてアンナを祝福
するすばらしい時となる。その祝祭はこれらの人々に関わる賛歌と、私たち
の人生と救いを目指す巡礼にとって彼らが何を意味するかを表現するものを
中心に形づくられることになる。

　レントは、「十字架の道行き」あるいはその道行きにおける「留^{ステーション}」を中

心とする一連の出来事によって計画を立てることができる。「懺悔火曜日」
（Shrove Tuesday, Mardi Gras ／灰の水曜日の前日）から始まる。それはこの世の
悪と罪のすべてをあえて無視して、（食べ物、飲み物、身体、感覚のすべてに関
わる）創造の善き業を祝う日である。異なる世代から成るグループが「十字
架の道行き」における十四の「留」を美術や劇や音楽を活用して創作し、そ
れぞれの「留」を彼らの共同体と世界における特定の罪と関連づけてみると
よい。「留」は教会堂の中や外のいろいろな場所に配置し、会衆は十字架へ
と向かうこの道を、いちどきにあるいは数週間をかけて巡礼することができ
るだろう。

　イースターのためには、受難日（金曜日）に信仰を表すシンボルをすべて
取り外し、教会は象徴的な死を迎える。屋外か教会の集会所でキャンプファ
イアを行い、会衆は火の周囲に座って、劇のかたちで信仰の物語を思い起こ
し、詩編を踊り、希望の歌を歌う。このイースター・ヴィジルはキャンプフ
ァイアの火で復活祭のロウソクに点灯することによってイースターの祝祭へ
と変わり、そのロウソクは復活を祝う行列によって教会の中へ運ばれて
いく。

　ペンテコステは、教会の誕生を祝うパーティーというコンテキストの中で、
神が私たちに与えてくださった、神の国のしるしまた証言者として生きる力
を祝福するのにふさわしい時である。それは教会生活を熟考する時であり、
私たちの共同体が救いに関する豊かな信仰に満ちた証言及びしるしとして存
在することを祝い、評価し、またよりいっそうそれに関与するようになる時
である。

教会暦の祝祭の際に行われる信仰教育

　教会の各期節の祝祭に信仰教育の良い機会となるものがいくつも含まれて
いることは明白である。そうした機会はいろいろな装飾、祭服や掛け布、説
教や祈り、音楽、行列、適切な聖句の提示、そして「十字架の道行き」、
「洗足木曜日」の洗足式、「灰の水曜日」の灰を用いた式、「枝の主日／しゅ
ろの主日」の行列、「聖週間／受難週」の水曜日に行う消火礼拝のような
特別な行事を含んでいる。聖人の日やその他の特別な機会に行われるドラマ
チックな行事や祝祭は、あらゆる世代に対する信仰教育のための理想的な機
会を提供するものとなる。

《例》

　特定の聖人たちの記念日、それも比較的最近の人物（マーティン・ルーサー・キング・ジュニア／ *BOW*, pp.435–436）や昔の人であってもあまり取りあげられることのなかった人物（ノリッジのジュリアン）の記念日を選び、それを祝うために教会内の有志グループを募る。会衆はそうした人々の生涯と信仰の証しを学習し、人々が集う主日礼拝のコンテキストにおいてあるいは特別な祝祭の日として、いろいろな方法でこれらの人々を想起し賛美するためのプランを作ることができるだろう。

教会暦の祝祭に向けた信仰教育

　教会暦を皆で共に守ることやキリスト教の物語に関わる様々な祝祭は、礼拝と信仰教育が出会う基本的な場とならなければならない。教会暦の年間サイクルや聖人の記念日を祝うことが教会においてわずかでも増し加わるなら、信仰教育の有効性も大いに高まることだろう。なぜなら私たちはキリスト教信仰を伝達しそれを支える最も重要な方法である「教会暦」をあまりにも長い間見過ごしにしてきたからである。

　子どもも青年も大人も、それぞれの祝祭の準備や実践のあらゆる面に関わる必要がある。私たちは教会の一日一日や期節のサイクルのそれぞれの出来事において、中心となる神学的な焦点を共同で確立し、それぞれの行事を人々の日ごとの経験に結びつけなければならない。それゆえに特定の行事そのものだけでなくその前後にもいろいろな企画を立てることによって、全世代の人々がその祝祭を彼らの個人的生活と社会的生活の双方に関連づけることに目を向けるようにする必要がある。私たちは歴史的な出来事を祝うことだけで満足すべきではない。そうではなくてそれぞれの行事を、教会の内においても外においても、私たちの生活に関連づけることが必要である。

　美術は祝祭の準備や実践において私たちの用いる基本的手段となるだろう。さらにまたすべての世代の人々が、彼らの人生との関わりのもとでそれぞれの行事の重要性を熟考すべきである。深い配慮をもってそうした行事を構想し計画することが大切である。こうした行事の機会を見過ごしにしたり、これまでのやり方に満足したままでいるわけにはいかない。私たちの行う祝祭の試金石となるのは、それらが人生の力となり私たちを励ますものとなって

いるかどうかということである。私たちの祝祭のやり方の多くは刷新される必要がある。それらの祝祭が、個人的かつ社会的に福音を証しする、この世における霊性を体現することができるように。

　私たちが信仰共同体としてのアイデンティティのもとで成長すべきだとするならば、教会独自の一年間の暦に従って私たちの教会を形成しなければならない。すなわちそれは教会暦の中に潜り込んでいる様々な世俗的行事の多くを除外することを意味する。「母の日〔5月第2主日〕」「スチュワードシップ・サンデー〔11月第2主日〕」「ミッショナリー・サンデー」などもその中に含まれることになるだろう。私たちはこのような人間的な行事やニーズに対する関心を取り除くべきだと言っているわけではない。私たちが言いたいのはまず教会暦を優先すべきだということであり、私たちの人間的関心をその中に位置づけるべきだということである。たとえば母親について取り上げることはイエスの母であるマリアに関わる「神の母聖マリア〔1月1日〕」「聖母の訪問〔5月31日〕」あるいは「受胎告知〔3月25日〕」の記念日において行うことがふさわしい。スチュワードシップについて言えばハンガリー王女エルジェーベトのような聖人の記念日〔11月17日〕、ミッショナリー・サンデーはウィリブロルド〔11月7日〕やウィルバーフォース〔7月30日〕の記念日に関連させて祝うことができるだろう。

教会暦に関するルブリク

　様々な期節と特別な祝祭日を守ることは、聖人の日の祝祭とならんで、教会の礼拝にリズムを与え、視野の変化をもたらし、福音を幅広くとらえる力を与える。あまりにも多くの聖職者が福音の一部分だけを取り上げて説教と礼拝を行っているにすぎず、福音は牧師や司祭の個人的な思いつきや主張の犠牲となるか、あるいはその時代の特定の関心や興味の犠牲となっている。主日に行われる聖餐の焦点はキリストの贖いの働きに焦点を合わせている。しかしその贖いの働きは、教会暦のそれぞれ異なる期節において行われる時には、異なる視点、異なる状況、異なる色合いにおいて執り行われることになる。聖餐をより頻繁に行うことを求める教会であっても、教会暦に十分注意を払わなければ、礼拝の参加者が「私たちは毎週同じことをやっているだけだ」と訴えるのを経験することになるかもしれない。教会暦はキリストの

贖いの働きという聖餐の中心となる焦点を曖昧にすることなしに、この祝祭を豊かなものにする助けとなる。

　たとえば、アドヴェントに行う聖餐はクリスマスに行われる聖餐とは異なる感覚を持ち、また異なる視点から参与すべきものである。一方は期待と希望の期節であり、他方は成就と神秘の期節である。家庭においても、感謝祭の食事はクリスマスの食事とは異なっている。ひとつの家族は同じ食べ物を食べる。しかし特定の「日」がその家族の食事に新しい意味を与える。これとおなじ作用が「神の家族」の食事においても働くことになるのである。

　礼拝と典礼に関わる委員会のリーダーは、各期節の礼拝におけるいろいろなテーマを明示するための方法を開発しなければならない。礼拝堂の装飾、バナー、賛美歌、祈りと応唱。これらすべてのものが、各期節の意味を礼拝の中で表現するために、注意深く選択される必要がある。たとえば、待望と希望の期節であるアドヴェントにあまりにも早々とクリスマス・キャロルを歌ったり教会を飾り立てたりして、その期節の意味をだいなしにすることがあってはならない。待望の期節にはその時期独自の価値が含まれているのであって、ただたんにクリスマスの喜びに至る準備の時というだけでなく、アドヴェントはそれ自体において価値ある霊的訓練の時でもある。アドヴェントの聖書日課は「闇の中に住む人々」について語っている。それは待望と沈黙、自省と準備の時である。この期節の礼拝に参与する会衆のためには音楽の抑制的な使用に加えて、礼拝堂の暗めの設定、礼拝における沈黙の時間の活用、色彩や装飾の抑制といったことが考慮されるべきだろう。その後、クリスマスがやって来たなら、ロウソク、輝き、喜びに満ちた音楽、そして鮮やかな色彩が礼拝参加者を迎えることになる。クリスマスに比べてアドヴェントの聖餐は、より抑制的で静かな、そして悔悛と準備の雰囲気を有するものとなるであろう。教会暦のいろいろなリズムは、私たち誰もが福音の持ついろいろなリズムを体験する助けとなるのである。

　礼拝堂内の装飾や祭服において期節ごとに変化する色を用いることは、それぞれの期節の礼拝における雰囲気の変化とその焦点となるものを表現する助けとなるが（*BOW*, p.226 参照）、それぞれの教会における典礼色の取り扱いについてはあまりに厳格すぎる規則のようなものにとらわれる必要はない。歴史的研究が示すように、こうした色彩の用い方には伝統的に地域ごとに見られる非常な多様性や教会ごとの自発性が大きく作用しているからである。

色彩の用法に関しては、おおよそ一定した共通の使用法が特定の信仰共同体の時とその他の様々な場所にある諸教会の時を結びつける一方、その共同体独自の記念日や地域的な祝祭には特別の礼拝や色彩を使う必要があることも考慮すべきであろう。現在の傾向としては自発性と多様性を尊重する方向に転換しつつあり、教会における色彩と装飾に関してかつての特徴であった用法、すなわち祝祭の当日には明るい色、その準備の期間には主に暗い色というやり方に戻りつつある。

　「私たちは何ものなのか」（あるいはより重要なこととして「私たちは何ものになろうと望んでいるのか」）という問いに対する答えを人々が探求するための主要な方法は、彼らよりも以前に生きた人々がいかなる存在であったかを学ぶことである。いろいろな人々の伝記を読むことが子どもたちの成長にとってたいへん重要な経験であることは自明のことである。私たちの誰もが、私たちが見習おうとする人々と一体化しようとすると共にまたそれらの人々から学んでいるのである。

　多くのプロテスタントたちが聖人の日の有する喜びと助けを再発見しつつある。私たちの礼拝の中心となる焦点は常にキリストとその贖いの働きの上に置かれているが、その一方で私たちの前には、言葉と行動によってキリストとその働きに応答したキリスト者たちの証しをたたえるという誇るべき伝統が存在する。今日では「聖人たちを礼拝する」という過ちに陥るキリスト者はほとんど存在しないであろう（中世後期における民衆の信心の中で時としてそのような礼拝が求められることがあったとはいえ、教会がそうした礼拝を唱道したことはかつてなかったのである）。人々は彼ら自身の霊的巡礼において聖人の日が大きな助けとなることを発見するであろう。聖書的な意味における「聖人」とは、信仰をもって福音に応答するすべてのキリスト者を指している。教会はこうした聖人たちの中から、その生涯がとりわけ生き生きとした信仰的な応答を表現している特定の男女に焦点をあてることが有益であることを発見したのである。

　聖人の祝祭は過去の歴史を記念するということではない。そうではなく、聖人たちは福音を現在化し具体化する助けとなり、私たちよりも以前に生きたこれらの男女がその時代と場において福音の要求に応えてどのように生きたかを思い起こさせてくれる。ヘブライ人への手紙は、「わたしたちはこのように多くの雲のような証人の群れに囲まれている」と記し、「わたしたち

の前に定められている競走を走り抜こうではないか」と勧めている。それぞれの教会において福音のヴィジョンに含まれる特定の側面を体現していると思われる特定の聖人を選び、その聖人の日を毎年喜んで祝うということもできる。聖人の生涯を何度も語ったりそれを劇化することは子どもたちを喜ばせることになるだろう。私たちは新しい聖人たち、たとえばマーティン・ルーサー・キング・ジュニアやグリムケ姉妹〔十九世紀のアメリカの奴隷解放・女性解放運動家〕、セザール・チャベス〔二十世紀後半のアメリカの公民権運動家〕などの人々が記念され、礼拝の中で取り上げられるようになることを期待したいと思う。聖人たちの存在は、私たちよりも以前の人々がどのようにして福音を生きたかを記念することによって、福音の具体的な事例を示し、人生を変える福音の力を可視化し、また私たちの置かれた時代と場にあって福音が求める具体的かつ固有の要求に直面することを助けるものとなる。アドヴェントに関わる聖人たちは、イザヤの預言者的なヴィジョンも、マリアの献身も、荒野で呼ばわるバプテスマのヨハネの叫びも、すべて期待と希望を言い表している。アドヴェントの聖書日課におけるこれらの伝統的な主題は、待ち続ける聖人、暗闇のただなかで希望を抱く聖人、謙遜な奉仕者としての聖人というものである。彼らの証しは私たちがアドヴェントをどのように過ごすべきかについてのヒントを示している。

　三年サイクルのエキュメニカルな聖書日課（*BOW*, p.227）は、礼拝において私たちがより良いかたちで聖書を総合的に取り扱うための豊かな可能性を与えてくれる。そこでは毎週の主日に三つの日課が読まれることになっている。そうした日課は信徒たちによって読まれることが望ましいが、それらの人々は公の場における聖書朗読のために十分に注意深い練習を重ねることが求められる。これらの日課の間には賛美歌や応唱をさしはさんでもよいだろう。黙想の主題や教会学校のクラスにおいて、聖書の学びや黙想をこうした各週の日課と結びつけることも望ましいといえよう。教会の礼拝がその週に指定された聖書日課を中心として構成されるとすれば、それは礼拝をリードする人々と会衆の双方にとって、あらかじめその礼拝の全体的方向性がはっきり示されるという点において効果的である。それが意味することは、奏楽者の場合、礼拝全体の流れを踏まえて賛美歌や聖歌、奏楽曲を選ぶ鍵が与えられるということであり、それは音楽や聖書やもろもろの行為がより良く統合された礼拝を計画することを可能にする。また説教者の場合、聖書日課を

用いるならば、そこにはキリスト教の説教の歴史においてかつてなかったほど多くの説教作成のための資料が用意されているということを意味する。すべての教派を横断して、世界的規模の超教派的かつ組織的な方法で礼拝と聖書を統合するための驚くべき可能性を提示するものこそ、この聖書日課である。

　最後に、教会暦を基礎として礼拝を計画する際に私たちが留意すべきことは、主日礼拝の最大の焦点をキリストとその贖いの働きの上に置くことである。教会の歴史は教会暦にまつわる問題が長い間存在してきたことを示している。たとえば中世において、主日と聖人の日が重なった時、時として聖人の生涯と活動がキリストの生涯と活動を覆い隠してしまうような傾向があった。しかしこのことは聖人の日を守ることそのものに問題があったというよりも、むしろ礼拝の構成に関わる問題だったのである。今やふたたびキリスト教の礼拝とキリスト教の暦の最大の焦点は、キリストの上に置かれなければならない。アドヴェントやレントのような伝統的な悔悛の期節であったとしても、この期節の持つ悔悛と準備という強調点が、聖餐におけるキリストの贖いの強調とその喜びを覆い隠すようなことがあってはならない。主日はどの期節にあっても主の「復活の日」だからである。

　さらに言えば、主日礼拝における贖いの働きという焦点を曖昧にしてしまう問題に関しては、教会暦を濫用する教会よりも、前述した「行事中心的な暦」に従っている教会の方が大きな危険をはらんでいると言わねばならない。教会暦に従うことは、聖書日課による朗読と説教の実践と合わせて、主日礼拝に対する不適切な理解や福音の矮小化に対する最良の予防措置となる。そしてまたそれは「私たちは何ものなのか」と問い、「私たちはどなたに属しているのか」を知ろうとする会衆を助けるための主たる手段ともなるのである。

第4章

キリスト者個人のアイデンティティの成長

PERSONAL GROWTH IN IDENTITY

この章は議論の余地があるかもしれない。しかしながら、この本の中で最も価値ある章であることが明らかとなるかもしれない。第2章で洗礼について論じて、洗礼だけが教会の入信儀礼であるという私たちの抱いている確信を明確にしようと試みた。洗礼こそ、キリスト者の生活のサクラメンタルな始まりである。それは常にそうであったし、これからも変わらないであろう。キリスト教の洗礼だけが、私たちを教会のメンバーとして組み入れる。ちょうど自然の誕生が私たちを人間の家族のメンバーに組み入れるのと同じように、洗礼は神の霊的な家族として、私たちを組み入れるのである。洗礼は帰属に関するサクラメントである。それにより、人が完全にして十全に、教会の中で神に属しお互いに属する者であることを私たちは宣言する。洗礼は、長期にわたる入信過程の第一歩にすぎないと考えられてはならない。この点について妥協はない。洗礼のサクラメントにおいて、人は、生まれて六週目であれ六十歳であれ、完全にして永久にキリストの教会のメンバーとされる。妊娠しているのと妊娠していないのとの中間がありえないのと同じように、部分的にキリストのメンバーであることはない。ある日はキリスト者で、次の日は違うということはない。人間の家族を否定できるようにキリスト者であることを否定することはできるが、生物的な両親についての事実を変えられないように、キリスト者であるという事実を変えることはできない。

当然ながら、自分がキリスト者であるという事実をたびたび本人が承認することには価値がある。それゆえに、聖公会では洗礼の契約について、日曜日の聖餐式執行の中で、毎年、少なくとも四回はすべてのキリスト者によっ

て更新されるべきものと定めている。復活祭では洗礼が死と再生を祝福することを私たちに思い起こさせる。ペンテコステでは、洗礼が聖霊の内在を私たちに思い起こさせる（水の洗礼と聖霊の洗礼というように、時と場所を異にする、二つの洗礼が存在することはありえない）。諸聖人の日に思い起こすのは、洗礼によって私たちが教会のメンバーとして、また聖人の交わりの中に組み入れられていることである。そしてエピファニー（公現日、イエスの洗礼を記念する日）の後の日曜日は、洗礼が宣教への道であることを思い起こさせる。これらそれぞれの日曜日に、洗礼式が執り行われるかどうかに関係なく、会衆が洗礼の契約を更新することが重要である。

　私たちは生涯を通じて、理解の点で成長し、感情面を深め、態度を改めながら、洗礼を受けた者として、自分は誰であり、また誰のものであるかを思い起こす必要がある。私たちはキリスト者としてのアイデンティティの中へと成長し、洗礼が約束をしたことがらすべてを自分自身の身をもって具体化する必要がある。洗礼が私たちをキリスト者にするのであり、それがただ一度、永遠に私たちをキリストの体に導き入れるのである。この章はそれゆえに、入信についての章ではなく、むしろアイデンティティにおける成長についての章である。そしてまた、霊的な信仰の旅において祝福されるべき区切りとなる時についての章である。洗礼は教会の入信儀礼である。それゆえ堅信（Confirmation）は、子どもの時に洗礼を受けた人が、キリスト者としての自己アイデンティティを公に受け入れ、自分たちに向けられた洗礼の契約を受容する最初の時というのが、最も適切な理解である。

　洗礼との関連で、初陪餐と堅信をめぐる歴史は混乱しており、議論が衝突し合うところがあるため、内容を概観するのに一冊の書物が必要となる。ほぼ最初から、異なった実践事例が並んで存在していたのである。東方教会では、洗礼、初陪餐、そして堅信は統一された儀式として守られ、それは教会の聖職者によって子どもの誕生の際に行われる。西方教会でこの三つは分けられるようになり、司祭が子どもの誕生の時に洗礼の式を執り行い、司教が堅信を後日執り行うようになった。やがて、初陪餐は分離してサクラメンタルな位置づけが与えられ、洗礼を受けてから何年も経って、堅信の前に行われるようになった。

　宗教改革は別の変化をもたらした。洗礼と主の食卓だけをサクラメントと位置づけたのである。急進的改革者たちは、洗礼を大人の儀式として扱い、

洗礼と聖餐と堅信をひとつの式にする形に立ち戻った。その一方で大陸の改革者たちは、幾分混乱するような枠組みを作り上げた。すなわち洗礼は子どもの時に授け、しかし、初陪餐は堅信式で形式に則った信仰告白ができる時、つまり説明ができる年齢になるまで認められなかった。堅信とそれに先立って与えられる必要な指導は、大人に必要なこと、すなわち教会における「完全な」メンバーシップに必要な洗礼の責任ある受諾を教会が支えていくための手段となり、どう見てもそれ以外には見えない。実際、ある人々からは、堅信はあたかも洗礼の後半部分のようなものとして、教会のメンバーになるために必要なものと見なされるようになった。もちろん、やがて堅信と初陪餐は知的応答的行為が可能になる年齢よりもずっと早い時期に移行していった。同様に、アナバプテストとバプテストの伝統でも、洗礼を受ける年齢はどんどん引き下げられていった。そのため、大人の儀式としての効果が失われたのである。洗礼、初陪餐、そして堅信、さらに歴史的な正当性、神学的理論化をめぐる混乱状況を整理するのはほぼ不可能である。

　それでも、いつの時代でも教会が、忠実なメンバーによる忠実な教会を保とうとした歩みを自覚するのは重要なことである。恵みの福音を保つのは容易ではない（その恵みは賜物であり、それによってのみ私たちは義とされる）。そしてその恵みとそれが私たちの生に示しているものに対して、必要にして自由な応答と受容をし続けることも容易ではない。〔賜物と応答という〕恵みの矛盾した性格を常に保ちながら、歴史の中で、ある教会は神の行為の側面を強調し、他の教会は人間の応答の側面を強調してきた。問題は今日も継続しており、これからも常に私たちと共にあるだろう。いつの時代も、教会は自分たちが信じている神の意志を見極めなければならない。それは忠実な共同体を維持し、キリスト者としてのアイデンティティへと人々が成長するのを助けようとする神の意志である。私たちには私たちの確信がある。それらはほとんどのプロテスタント教会とローマ・カトリック教会の考え方と一致する。ここで考察のためにそれらを紹介する。

　第一に、洗礼だけが私たちをキリスト者にするのであり、教会のメンバーとして位置づける。洗礼は本来、「大人」の儀式であるが、ここで大人というのは二十代後半以降を意味する。規範に従って執り行われるなら、洗礼、堅信、そして初陪餐がひとつの儀式として扱われ、神の恵みの賜物と私たち人間の応答の両方が祝福される。新たな大人の洗礼の式と、大人の求道者向けの洗

礼に必要な準備が確立されてきている。しかし「規範」が意味するのは、正当な理由のある望ましい例外がありうるし、現にあるということである。たとえば、両親のうちの少なくとも一人が忠実に教会とつながって洗礼を受けた大人で、特別に訓練のために設けられた準備期間に参加をしていれば、その子どもは洗礼を受けてもよい。この子どもたちは、洗礼を受けたので、教会の完全にして永続的なメンバーである。彼らは、それゆえに、聖餐に与る権利があり、実際に与るべきであるが、〔赤ん坊であれば〕洗礼の折に少なくともブドウ酒の形式においてそれを受ける。さらに、その日から教会で週ごとに行われる聖餐式の場に集って与るべきであると、私たちは一層確信をする。洗礼は聖餐に与る唯一の必須条件である。もし、私たちが誰かに聖餐というサクラメントに与るのを許可しようとしないなら、一貫性を保つために洗礼を遅らせるべきである。

　それゆえに、私たちが奨めるのは、「初陪餐」を祝うことを結果として除外することである。聖餐に向けた信仰教育は、子どもが六歳になるまでに行う必要がある。洗礼を受けた子どもは聖餐に与りながら、洗礼の誓約という面では、子どもの両親が責任を持つ。聖餐は聖なる秘儀である——おそらく、子どもたちだけが十分にそれを理解できる。いずれにせよ、「理解」するために、私たちはまず経験して、それから振り返る必要がある。子どもの成長と共に行う必要があるのは、この振り返りである。

　長年にわたって、洗礼、それからずっと後に受ける聖餐、つまり青年期初期における「初陪餐」という流れに慣れてしまっている多くの人たちにとって、私たちが示す聖餐と洗礼を同時に受けるあり方は、急進的な考え方に見えるであろう。また教会が新しく行う思春期における応答の儀式を教会が定めるようにという追加の推奨事項も急進的に見えるかもしれない。しかし思春期に行う儀式は、堅信を真に大人の儀式にし、宣教に向けて成熟した誓約をする「サクラメント」にし、あるいは、自分自身の洗礼に関して公に宣言する最初の時とする。この宣言はその後も繰り返し行う必要がある。私たちが堅く信じていることとして、人間の信仰の旅、すなわちキリスト者としてのアイデンティティにおける成長には、備えと祝福が必要となる二つの重要な転換点〔本書91ページ参照〕がある。ここで私たちが提案したことのほとんどは暫定的であり、必然的に説明が曖昧になる。と言うのも、まだ試みられていないと同時に、探究されていない領域に入るからである。しかしながら、

それが土台としているのは、私たちの霊的な旅についての理解である。それは、必要な条件が整えば、ある人の人生においてその時どき、確認可能なスタイルで信仰がそれ自体を表現するようになるとの理解である。

私たちの霊的な旅

　一般的に言うと、子どもの持つ信仰のスタイルは経験的である。つまり神との関係において私たちがたどる霊的な旅の最初の道は、信仰の共同体に所属しながら参与し、奉仕する形をとる。それは、感性の領域における関係性と個人的な決断に焦点を置く。それは主に感情によって、あるいは信仰的な生の形式（象徴、神話、そして儀式）における、意識の応答的直観的なモードによって表現される。権威は自己の外部にある。すなわち共同体と伝統の中にある。それは維持することに関心があるので、伝統継承が支配的となる。経験的信仰は子どもの間によく見られるが、大人の場合には、敬虔主義、反知性主義、そして排他主義の性格を帯びる。

　信仰の成熟が求めるのは、必要な能力を持った人たちが、助けを得てこれらの基礎の上に建てる新しい信仰のスタイルへと移行することである。この新しい道は、反省的な特徴を持つと言えよう。それゆえに、質問という形を取り、まず他者に関して、次に自己に関して、受け継いできた伝統を批判的に判断し、別のあり方を求めるのである。それは主として知的に表現され、あるいは疑い、理性的探求、そして哲学的系統的論述の形式を取って、意識の能動的知的なモードにより表現される。信仰は今や、論理的分析の結果としての信仰内容と知識という形で理解される。その主たる関心事は、正しい思考であり、理性に基づいた個人的決断である。権威は今や内在する。つまり、自己である。そこでの関心事は、預言者的判断であり、再伝統化（retraditioning）が主たる特徴となる。青年期と成人初期によく見られるが、大人の場合、不可知論、理性主義、そして反直感主義の特徴を帯びる。

　信仰における経験的なあり方と、反省的なあり方の両方の必要性が合致すれば、人は、この二つを統合するものとして理解するのが最もふさわしい道を歩み始めることができる。神との個人的な結びつきに基づくそのような信仰は、直感的なモードと知的なモードの統合を通じ、黙想と行動が堅く結びついた生のかたちにおいて経験される。信仰生活はここで神の意志への服従

として理解される。主な関心事は正しい実践、あるいは反省であり、想像力に富んだ行為である。権威は神と自己との合一の中に位置づけられ、カトリック的な実体とプロテスタント的な精神によって、生は意味に満ちたものとされる。カトリック的な実体という言葉によって意味する内容は、伝統の秩序、継続性、維持についての関心であり、すべての人間的経験と理性に対する裁きである。プロテスタント的精神によって意味するのは、変革への関心であり、人間の経験と理性による伝統に対する預言者的裁きであり、伝統の変革である。このような統合は、中年期の大人においてのみ可能であり、成長と成熟という生涯をかけてたどる信仰の旅の持つ特徴を帯びる。

　この信仰の旅において、二つの重要な危機がたいていの場合訪れる。最初の危機は十三歳から十六歳の間という子ども時代の後期にやって来て、この時期に疑いが始まる。第二は成人の中間期、年齢的には二十五歳から四十五歳の間で、この時期に絶望が表面化する。この二つの重要な時期に関して、キリスト者としてのアイデンティティの成長を助ける礼拝的な、また信仰教育的な手段を、現在のところ私たちは持っていない。この課題に取り組むために、以下のことを勧めたい。しかしまず、「青年期」と私たちが呼んできた時期について、二、三の考えを述べたい。

　「青年期」という概念は比較的新しく、1904 年に誕生した。その年、アメリカ人の心理学者 G. スタンレー・ホールが『青年期（Adolescence）』という題の本を著した。それ以来、ほとんどの人が、あたかも青年期が実際に存在するかのように振る舞ってきた。マーガレット・ミードらは、青年期は自然なものではなく、歴史と文化を横断して見出される現象でもなく、むしろ現実を反映した社会的構造物であることを私たちに理解させるために力を尽くそうとした。

　私たちの教会と社会が抱える多くの問題は、個人や家族の生活においてと同様、この大人でも子どもでもない十二歳から十八歳までという長い期間の年齢集団に関連している。成熟や道徳に関する問題の多くは、この不自然な状態の年齢集団と関わる。その状態を「青年期」と呼んでいるが、人生の過渡期として真剣に受けとめられていない。

　移行のための儀式は明らかに必要である。私たちは子どもから大人への通過儀礼を持たない文明に生きている。人によっては、堅信をそのような儀式にしようと試みるが、成功しなかった。教会の中で大人としての責任を担う

ように人々を移行させる代わりに、教会から卒業させてしまう働きとして機能してしまっているのである。初陪餐は、堅信と結びつけられて、少なくともプロテスタント教会では、多くの場合、最後の聖餐になる傾向がある。主の晩餐に与ることなく、十六年という歳月を生きてきた人々にとって、さらに六十年をそれなしに過ごすのは、難しいことではないであろう。参加したこともなく、愛したこともなく、必要としたこともないものを、失って寂しがることはありえない。

　同様にある人が質問を投げかけるに必要な知的能力と、代わりの案を真剣に探求する自由をようやく身につけたばかりの時に、信仰に対して成熟した理性的応答をすると同時に、積極的な関わりを持つように求めることは、「始めてもいなかったことを、もう既にやり終えている」という印象を与えることになる。私たちが今祝っている形での青年期の堅信は、人の成長を妨げているだけではなく、知的探求は実際のところ重要ではないと信じるように奨励している。

　さらに重要なことは、私たちが若者たちに対し、それを通過することによって、彼らが今や年長者たちから一人前の男性また女性として受け入れられることを証明することになるような、適切で意味深い儀式や試練、徹夜の儀式（vigil）などを提供することができないために、私たちは彼らに自分たち自身のセレモニーを作り出すことを奨励してしまっているということである。そのため、私たちの子どもたちは「原初的」な集団意識に見出される成人期のセレモニー、つまりセックスと妊娠に逆戻りし、それにふけるということになりがちなのである。

応答責任の儀式

　私たちが学んできたことは、単純にどの思春期の儀式も十分なものではないということである。私たちが勧めていることは、子ども時代から青年期へと移行する人たちが、道徳的、霊的な人間として、自分自身の人生に対して、責任を持つ準備をすると約束する儀式を、教会が制定することである。これに続くのが移行期でありその期間には、責任をもって青年期にある人々を助けるべく集中的なプログラムが展開される。これが完了すると、第二の儀式が行われ、それによって自分の人生に対する責任を引き受ける約束をし、その人は成人初期の段階（young adulthood）に入る。

成人の堅信

　応答責任と説明責任に関する新しい思春期の儀式を持つとすれば、教会は堅信の位置を再考することが可能となるであろう。そのような思春期の儀式を持つまでは、子どもたちとその両親たちは堅信を維持するために戦うことになるが、その理由は堅信が彼らの求めに対応した式であるからではなく、何らかの式が必要であることを彼らが知っているからである。望ましくかつ役に立つ別の儀式がなければ、彼らは今手元にある儀式を維持しようとすることだろう。しかしながら、思春期にふさわしい意味深い儀式があるならば、堅信はもはや、それ自体の神学的意図を否定し個々人の人間的必要を否定してしまう機能を提供するために苦労することもなくなるはずである。

　長い間、私たちは信徒の宣教については語ってきたが、人々の宣教への召命を祝す真剣な信仰教育、あるいは儀式については見落としてきた。私たちが提供している唯一の準備は、三年間の神学校生活であり、私たちが持っている唯一の儀式は、聖職者になるための按手礼である。さらに、成熟した信仰へと人が成長するのを励まし、祝する手段を私たちは持っていない。人間がたどる信仰の旅路におけるこの重要な場を無視することで、私たちは信仰を固定化し、大人の日常生活から信仰を疎外している。三十代及び四十代というアイデンティティ探求の危機の時代に関して、今のところ私たちは、信仰と生活を統合し、信仰とキリスト教の宣教に成人として関与するようになるための、特別な意味深い方法を所持していないのである。

　私たちは、洗礼によって皆、共通の使命感、召命を有しているが、それは霊に生き、生涯をかけて聖化を求める信仰の旅をすることである。私たちの宣教は、あの洗礼によって与えられた使命を、日常生活のあらゆる側面において表現する手段である。私たちが共有する宣教は、自由な時間や余暇、教会の中や教会のために人々が費やすヴォランティアの時間の中で、十分に実践されるのではない。宣教は、たんにキリスト者の精神をもって生計を立てる何らかの手段ではなく、また制度としての教会に仕えたり、一般的に人びとを助けて生活費を得たりするような、ある生き方に限定されるのでもない。

　私たちは職業と宣教についての理解を学び、喜びをもって受けとめる必要があるが、それらは仕事場や遊びの場、教会と世界の中で、また家庭の内外で私たちがなすすべてのことと関連する。それは生活の糧を得る方法と、一

日のあらゆる瞬間における過ごし方をも含むのである。私たちは人々が自分の宣教の務めを識別するのを援助し、それらの務めを通して、行為と言葉によってキリスト教信仰を宣言できるよう助ける必要がある。

　私たちは世俗的なものと聖なるものとの分離を克服し、人々が世界の中で自分の宣教の務めを担って生きられるように助ける必要がある。堅信は、洗礼の更新として反復されうる儀式として考えることもできるが、これは洗礼を受けたキリスト者全員がこの世界で宣教に携わるための「按手」として理解されるのが最も良いであろう。一度だけ行われる儀式としての成人の堅信は、教会が信仰に堅く立ち続ける助けとなり、人々がキリストにある責任ある働き手、キリストの教会のメンバーとして自分の洗礼の命令と契約を真剣に受けとめるように励ましを与えるものとなる。聖霊の「サクラメント」として、礼拝的に、信仰教育的に、そして牧会的に、私たちは内在する霊の重要性を強調することができる。その霊は洗礼以来、成人のキリスト者として送る日常生活の中で私たちと共にいる。私たちは按手と祈りによって、キリスト者の生活、成長、そして宣教には、神が聖霊を通して与えてくださる力が必要であることを、劇的に明らかにすることができるだろう。

　（小児洗礼－聖餐を例外として）規範的に一体化された成人の洗礼－堅信－初陪餐の儀式、青年が応答責任を担う儀式、そして成人の堅信の儀式を定めることによって、私たちは今日における切実な教会の求めに応えられるであろう。

アイデンティティの信仰教育

　すべての信仰教育との関連において、とりわけ入信の儀式とアイデンティティに関する儀式について、私たちが直面する最も厄介な課題のひとつは、「学びの性格」に関する問題である。教会は、知的理解が経験に先行しなければならないと考える傾向にあるが、その前提自体が人間の経験を否定している。もし私たちが愛する前に愛を知的に理解しなければならないなら、愛は決して実現しない。人間の理解において、行動はたいていの場合に考察に先立つ。愛することを目的として愛を育むのである。信じるために信仰を育むのである。初代教会はこれを知っていた。成人の求道者は求道者として数年間を教会の中で生活した。それによってキリスト者の物語を聞き、世の中でキリスト者として生きるように背中を押されたのである。その人の行為がキリスト教的であると判断された後に、求道者はようやく、レントの期間に、

その物語と生活の仕方の意味を知るために教会の教えを学んだのである。実際、イースターの際に行われる洗礼と初陪餐の後、復活節の間に、これらの聖なる秘儀を振り返りつつ、その意味について学んだのである。このようにして、最も良い学びがなされる。こうした理由から、信仰教育は経験的なものとして理解されるのが最も適切である。学びは行動から考察に向かう。私たちは経験するという行為から、経験に意味を与える作業へと向かう。信仰教育は、私たち自身が行動する準備から始めて、行動し、最後にその行為について考察することで終わるが、それにより意味が明らかとなる。

　さらに信仰教育は、意識の二つのモードによって心が機能することを常に知っている。そのひとつは、応答的直感的モードという言い方が最もふさわしいであろう。それは情動（感情）と経験に焦点を合わせるものである。特徴としては混沌、放棄、秘儀、想像、そして驚きであり、芸術と非言語的行為によって養われる。その表現方法は象徴、神話、そして儀式である。

　第二のものは能動的知的モードである。それは認識、あるいは思考、考察に焦点を当てるものである。その特徴は、秩序、予見、論理的分析、そして支配であり、学問と言語的活動によって養われる。それは記号、概念、思索的行為を通して表現される。応答的モードは神体験と祈りの生活に結びつく。能動的モードは神学的思考と道徳的判断形成に結びつく。二つの意識の側面を発展させる必要がある。実際に、成熟はこれらの発達と統合を前提としている。しかし応答的モードは必然的に、常に能動的モードよりも優先するものである。

　信仰教育は意識に関するこの二つのモードの発達を肯定し促す。またその中で応答的モードが優先されるという秩序を重く受けとめる。礼拝が主に儀式行為の準備として、応答的モードにおいて機能するということに注意を向けるのは重要である。考察は二次的な行為であって、必然的に儀式の後で行われる。信仰教育は、それゆえに、儀式に参加するために私たちが備える行為というだけではなく、儀式が執り行われた後で行われる行為でもある。礼拝による信仰教育を計画する際には、儀式的性格の強い行為で始め、その後にその儀式体験について考察することが最善のやり方である。たとえば、成人向けの洗礼についての信仰教育は、その人が洗礼志願者として学ぶ者であることが明確に位置づけられるような儀式から始める。信仰教育は、象徴的な儀式や神話を通して、受身的なモードで主に行われる。この準備に引き続

いて、その人は復活祭に洗礼を受けて、信仰教育は洗礼、聖餐式、そしてそれらが人生に対して示すところの意味を考察する能動的なモードで続いていく。その後に来る聖霊降臨で儀式は終わる。

信仰教育と個人的成長

　信仰の教育には、堅信式の場合に見られることほど困難な問題は少ない。多くの人々は懐古的な感情に浸る。ほとんどの人は、この儀式を取り巻く歴史的、あるいは神学的課題を理解しない。子どもの陪餐と成人の堅信式が実現されるべきであるとすれば、私たちはそのために全教会に向けて多大な努力を払わなければならない。また応答責任の儀式が発展し、たいていの教会で受け入れられるようになったならば、その時にはこうした努力がさらにいっそう求められることになるだろう。しばらくの間は、現在行われている堅信式のプログラムを維持する一方で、特に関心のある人たちのために、それに代わるものとして応答責任の儀式と成人の堅信式を提供する必要がある。いずれにせよ、新しい方向へと向かう前に、長期間行われる信仰教育のプログラムを発展させて、人々をそのような変化に備えさせ、これらの変化に対応できる者にする必要がある。

《例》

　七年生、八年生の子どもを持つ親と一年を通して行う集会を設定し、そこでキリスト者としてたどる巡礼の本質と、一人の人生の様々な時点における信仰的なニーズやその表現について語り合う。そのグループにおいて子どもたちの通る道やたどる歩みを祝う様々な方法を、親と教会が行うことと並行して、話し合うことも考えられる。応答責任の儀式と信仰教育に向けた提案をしてもよく、中にはそれに関心を持つ親もいるだろう。親たちは提案されたこれらの選択肢について子どもたちと話し合うこともできる。そのような提案は、本書で前述したように、教育と訓練と同様、形成という課題に焦点を置くことになろう。

応答責任の儀式に向けた信仰教育

　十六歳かそれ以上の年齢の子どもたちと、その親たちのために、一年間続けて開かれる学びの集まりが提供される必要がある。その目的は、子どもた

ちと親たちがこの重要なステップへの準備をするかどうかを決断するためである。これらの集まりに引き続いて、子どもたちと個人的に相談をして、彼らが信仰と行為に関して責任を引き受けたいと望むかどうかを確認する。また彼らには、誰が成人として彼らの教父母となるのかを決めるための助言も必要であろう。つまり、応答責任の儀式の準備において、誰が彼らを援助するかということである。その子どもに応答責任の儀式を受ける準備が整ったと教父母が信じるなら、その子は自分自身の応答責任の儀式を、牧師か司祭と共に準備をすることになろう。

　この儀式に続いて、そこに参加した人たちは、キリスト者の信仰生活に参与し実践するための信仰教育のプログラムを学ぶグループに加わることになるだろう。聖書の光に照らしてその生活を批判的に見つめるため、そしてキリスト者としての生活のある面に参与する上で必要な知識、態度、振る舞いを身につけるためである。

　教父母がその子どもたちを援助することになれば、そのために教父母向けの準備プログラムを設けることが不可欠となるだろう。教父母たちはそのプログラムを通して、子どもたちがキリスト教的な信仰の旅路において出会うことになる様々な課題についても（すなわち彼らが信仰に関して抱く疑問や質問、弟子としての在り方や自己及び社会に対する責任の性格、神の国のしるしとしての教会における彼らの宣教の働き、そして契約と約束といった課題について）、期間は場合によって異なるが、理解を深めておく必要がある。

成人の堅信の儀式に向けた信仰教育

　成人した人がこの重要なステップに入る準備ができているか否かを判断するために、成人向けに確認のためのセッションを定期的に設けることも考えられる。個人的なインタビューの後で、その人が堅信式の準備に必要な援助を行うために、教父母を指名することもある。

　公式の、あるいは非公式的なセッションやリトリートにおいて、堅信候補者は自分自身の霊的な旅を見つめ、自分の信仰内容と教会の信仰内容について考察をする。さらに、堅信候補者は、祈り、聖書に親しむこと、そして徳目の実践という、生活における霊的な決まりごとを学ぶ。

　これが完了すると、堅信候補者は彼らの生活の中に与えられている恵みと、神が彼らを召し出される宣教のひとつの働き、あるいは複数の働きを見

極めるべく努力をする。親としての働きはひとつの職務、また宣教の業であり、教会の内外における自発的な奉仕も同様である。これらは堅信と宣教にすべて関連している。この召命が識別されたなら、和解の儀式とキリスト者の奉仕への参与の儀式を行ってもよいだろう。

　これらの儀式に続いて、堅信候補者は彼らに与えられる特定のキリスト者としての宣教の働きに向けて、一定期間の養成プログラムに参加する。この準備が終わると、彼らは堅信式を受けるか、この宣教の働きのために按手を受ける。

　人によっては、人生のその後の段階で、神から示された宣教への召命感が変化する場合もある。1979年版の『祈祷書』には、この新しい決断への祝福の儀式が記されているので、それを用いることもできよう。職業や仕事を変えることを考えている人々のためのリトリートを、その儀式の前に、あるいは定期的に開くことは、神の意志と宣教の働きを知るために助けとなろう。決断をくだす助けとなり、その決断に忠実であるように準備をするための信仰教育が必要である。

応答責任の儀式と堅信に関するルブリク

　応答責任の儀式が今は存在していないので、それを作る必要がある。福音と人々にとって価値がある、ふさわしい礼拝形式が整えられるまで、会衆が様々なパターンを考えて試みるのが重要である。その式には次のような要素がいくつか含まれている必要がある。式は共同的でグループで祝うというよりは、一人一人の子どもに合った個人的な性格を帯びたものであるべきである。この式は聖餐式を含む主日礼拝において、幼児洗礼の行われる日かそれにいちばん近い日に行われることが望ましく、洗礼という文脈の中で理解されるようなものにしたい。両親が子どもを会衆に紹介する。その子にこの意義深い式への参加を望んでいることを表す文章を書いてもらい、それが自分のその後の歳月にもたらすであろう意味についても書いてもらう。子どもは礼拝の中で、本人の意志を具体的に表すために、大人の役割を引き受ける機会を与えられるべきである。両親は次のような祈りをささげるのがふさわしいだろう。「神様、子どもの信仰と行いに関する重荷と責任を私たちから取り去ってくださったことを感謝します」。聖書と、子どもが模範としようとする聖人のメダルなど、子どもの担う責任を象徴するものを贈るとよい。

　第二の儀式では、青年たちが自らの信仰的責任を引き受け、彼ら彼女らが
それまで養われてきた信仰を知的に理解するための探究作業を始めることを、
公的な決意として表明する。これからも信仰の旅を続ける子どもを支えるこ
と、教会生活に十全に参与する者として子どもを受け入れることを会衆は誓
約する。子どもは按手をもって会衆の中における大人の責任を引き受けるべ
く遣わされて、この志を祝うためにパーティーが催される。

　堅信の礼拝の中で核となる部分は按手であり、それにはキリスト者として
の召命を遂行するのに必要な賜物を求める祈りが伴う。応答責任の儀式と堅
信を提案したが、どちらも可能な限り、洗礼式の後、聖餐式の前に礼拝の中
で行われるのがよい。

第5章

霊的な成長——
個人で、そして共同でささげられる日ごとの祈り

SPIRITUAL GROWTH: DAILY INDIVIDUAL AND COMMON PRAYER

ユダヤ教では、七日ある一週間が時の基本的な単位であり、創世記1章がそれぞれの日の礼拝的な意味を示している。朝晩の犠牲奉献と、朝九時と午後三時に詩編を歌い祈祷をささげる形で守られる共同の礼拝によって毎日の時を刻んでいた。熱心なユダヤ教徒はまた、日に三度、個人の祈りをささげることで時を刻んだ。それは就寝前、起床時、そして正午である。

初期のキリスト者は、週の最後の日である土曜日、すなわち安息日ではなく、週の初めの日である日曜日を一週間の中心として位置づけた。それぞれの日は、創世記1章に従って、特別な意味を持ったが、新しい意味も獲得するようになった。日曜日は創造の日であった。それはまた復活の日、新しい創造の日であった。月曜日は、イエス・キリストにおいてすべての命が神と一致することが強調された。火曜日は、生涯をかけて神に身を委ねることに強調点が置かれた。水曜日は、すべての時と歴史は神に属し、キリストが歴史の中で神の国を実現するために働かれたことへの確信を喜び祝った。木曜日は、私たち人間がすべての被造物と一致していることと、イエス・キリストにおける神の働きはすべての人類に向けられていることに焦点を置いた。金曜日は、人間の出発点と、私たちはみな死に向かって生まれた事実を思い起こさせた。土曜日は主にあって安らぐ日であり、忍耐をもって信頼のうちに復活を待つ日である。日曜日は復活の日であった。

神殿で行われる犠牲の儀式を退ける一方で、初期の教会は朝晩に持たれる共同の祈りによって、一日を区切る習慣を持つようになった。朝の

礼拝は言葉の礼拝であり、聖書朗読、教え、そして祈りによって構成された。可能な人は皆、この日々守られる礼拝に出席することが期待された。出席できない人たちは、どこにいたとしても同じ時間に聖書を学び、祈ることが期待された。詩編歌、祈祷、そして聖書朗読を含む夕方の礼拝は、光の祝福から始められ、時に簡単な食事、愛餐が礼拝の後に続いて守られた。

この二つの公の礼拝（あるいは同じ時間に持たれた個人でささげられた礼拝）に加えて、一日の内の他の時間には個人の祈りが行われた。たとえば、三時、六時、九時は受難の出来事と関係づけられた。これらに、二つの時が加えられた。ひとつは真夜中であり、すべての被造物による神の賛美、そしてキリストの再臨に対する期待と関係する。もうひとつは鶏鳴（夜明け）であり、〔ペトロによる〕キリストの否認、復活の希望と結びつけられる時である。

やがて、二つの日課の系統が生まれた。これらの日課は〔聖職者のいる〕祭壇の背後からではなく、聖歌隊席から導かれていたためにもともとは「聖歌隊の日課」として知られていたが、「聖務日課（Divine Office）」として扱われるようになっていった。この名称は、祈祷と賛美を日々繰り返す形で行われる礼拝は神の御業として最もよく理解されるという、聖ベネディクトや他の人々の教えを反映した呼び名である。長い間、すべてのキリスト者のために朝晩に守られる日々の祈りの時は、さらに細かく分けられた三時間ごとに行われる修道院の日課と並存していた。真夜中の「朝課（Matins）」、午前三時の「賛課（Lauds）」、そして〔一日の始まりである〕午前六時の「一時課（Prime）」、午前九時の「三時課（Terce）」、正午の「六時課（Sext）」、午後三時の「九時課（Nones）」、（ランプに光を灯す）午後六時の「晩課（Vespers）」、そして午後九時（就寝前）の「終課（Compline）」である。

十六世紀までには、朝晩に共同で守られる日々の祈りは、行われなくなっていた。ルターは、「朝課」「賛課」「一時課」を一日の始まりの日課に組み込んだものを、朝の祈りとして、また「晩課」、もしくは「晩課」と「終課」を組み合わせたものを夕方の祈りとして、新たに強調した。このようにして、宗教改革は、共同体で守られる祈祷、賛美、そして聖書に関する黙想という日々の繰り返しが持つ、すべての人々にとっての重要性を再度確立しようとしたのである。

ルターが主張したかったのは、その日の始まりにおいて、神が一日中共に

いてくださり、私たちの生活を方向付け、労働において私たちを支えてくださるということを覚えることの重要性であった。また彼は、一日の終わりには、過ぎた一日の間私たちが忠実であったか振り返る必要があり、夜の間中、神が私たちを守ってくださるように願い、新たな日に私たちが新たな思いで神に忠実になれるように求める必要があることを思い起こさせた。ルター派、聖公会、そしてローマ・カトリック教会は、キリスト者の生活にとっての日々ささげる共同の祈りの重要性を、程度の差はあれ、維持してきた。つまり、日ごとに時間を取って、賛美と感謝を神にささげ、私たちに向けられた神の言葉に耳を傾け、思いめぐらし、そして私たちの思いの中心を神に置くようにし、私たちの生活の中に神の臨在を認識することである。同じように重要なのは、これらの伝統が守り続けてきたのは、私たちは共同的な存在であり、他者と共に祈る必要があるということである。私たちは祈りの中で、他者の存在によって支えられ、励まされる必要がある。そして私たちの祈りの生活がなおざりにされて衰弱してしまうのではなく、生き生きとしたものであるためには、私たちには共に祈る共同体が必要なのである。

　プロテスタント系の様々な自由教会——合同メソジスト教会、バプテスト教会、長老教会、その他の教会——は、共同でささげる日々の祈りという礼拝の伝統は持たないが、それにもかかわらず、個人で毎日祈ることの重要性を長い間、強調してきた。メソジスト教会は、たとえば、ジョン・ウェスレーの遺産を受け継ぐ者として、「几帳面（methodical）」で、訓練された個人的な祈りの生活が重要であることを認めていた。メソジストの信徒は、他の多くの福音主義者たちと同じように、分かち合いと祈祷を共にする小さな祈りのグループに対する関心を長く持ち続けてきたが、その関心は最近また新たになりつつある。

日ごとの祈りの回復

　今日では、第二ヴァチカン公会議が『教会の祈り（*Christian Prayer*）』という、一般的に用いるために時間ごとに祈る新しい式文を承認した。『ルター派礼拝書（*The Lutheran Book of Worship*）』は朝晩の祈り、「終課」、そして一日の他の時間帯で用いるための執り成しの祈祷を入れている。同様に聖公会の『祈祷書』（1979 年）にも、同じような式文が含まれており、『長老派礼拝

書（*Presbyterian Worship Book*）』も同様である。合同メソジスト教会では『礼拝書』の 568 ページから 580 ページに、「日課」（the Daily Office）がある。

　男子修道会、女子修道会のような宗教的共同体、あるいは霊的生活のための黙想会などで二、三日を過ごすことは、「別世界」に移されることになる。そこには数多くの違いがあるが、しかし、おそらく最も明らかな違いは、時間が共同の祈りのための時で区切られていることである。世俗社会で私たちは時計に縛られるが、私たちの時間感覚は深みに欠け、しばしば意味のないものである。私たちが過ごす毎日は、しばしば退屈で決まりきったものであり、私たちの仕事は感覚を麻痺させるか時間に追われたものとなる。私たちはしばしば時間から逃れようとし、私たちの時間感覚を鈍らせる目的で、表面的な付き合いや他の活動に関わるのである。そこには情け容赦ない、仕事のための時間と土曜の夜の大騒ぎ（Saturday night fever）があるだけである。そこでは神は忘れられているか、ほんの少し記憶に留められるだけという光景が見られる。私たちの取る休暇（「ホリデー」holidays ──私たちは一般的にそれらを「聖なる日」holy days と呼ぶことはない）は、時間の意味を思い起こさせることはなく、むしろ時間からの逃避の機会を提供してくれるだけである。

　ここで次の問いが残っている。人間の営みが行われる無秩序な世界の中で、黙想会のようなリトリートで過ごす貴重な時間の間に私たちが味わうような静謐さと心の集中のいくばくかでも、知ることができるのであろうか。この問いは医師、教師、親、学生、教区司祭、工場労働者、ビジネスに携わる人たち、商店主、その他もろもろの人々に向けられている。なすべき務めがあり、乗り遅れてはいけない電車があり、間に合わせなければならない締め切りのある中で、時を祈りに満ちた時間で秩序づけるようなことが、いかにすれば可能となるのか。私たちが普段生きている時間感覚に代わる方法で、時を経験する道はあるのだろうか。これらの問いは、当然ながらレトリカルなものである。朝と晩に持たれる共同の祈りの時の間で、毎日、時を生きている人々がいて、個人的に黙想の時間を持って生活が区切られている人々がいる。彼らは実際、日常の時に代わる時を経験している。

　個人と共同の祈りによって整えられた時の中に私たちの生活が枠付けられるならば、私たちが日々経験するプレッシャーと繰り返しとはきわめて異なった現実を経験する。祈りに満ちて整えられた時によって生活するならば、

宇宙の中で家にいるように感じ、喧騒と試練のただ中にあってさえ、解放を
もたらしてくれる静寂を経験する。

　私たちは、また家族、仕事、隣人、そして共同体が求める無数の要求に応
えなければならないが、男子修道院、女子修道院の外にいて、祈りに満ちて
整えられた時はいかにすれば可能となるのか。

　日常の世界の中で緊張とストレスにさらされて生きている人々には、祈り
の規則を発見することが必要だと私たちは主張したい。その規則は、私たち
の時間において絶えず予測不能な形で現れる要求に応えるのを許容する、柔
軟さを持ち合わせている。またそれにもかかわらず、その規則は健全さと意
味を保つのに必要な霊的な秩序を、恒常的で堅固な形で提供する。私たち
はそのような時が必要であることは知っているが、それをどのように見出
し、作り出すかを知らない。よく耳にするのは、人々が日曜日に礼拝に行き
たいのは、静かな平安を見出したいという思いがあるからだという言葉であ
る。そうした理由から、人々は日曜礼拝に子どもたちが出席することを望
まず、彼らが雑音や混乱を持ち込むことを嫌うのである。同じ理由で何人か
の人々は、全身で礼拝に参加するのを望まず、静かに耳を傾け、見つめるの
を好むのである。私たちが求めているのは、秩序、静寂、そして平安である。
これらの必要は、もちろん現実的なものであり、重要である。しかし、私た
ちの日曜礼拝をこれらの必要に強引に合わせるなら、私たちはキリスト教信
仰を歪めていることになる。私たちは土曜日が休みを取る安息日だというこ
とを忘れている。日曜日は必然的に祝いの日であり、家族にとってパーティ
ーの日であり、共同体で深く交わる喜びに満ちた参与の機会なのである。月
曜日から土曜日までは、これと反対に、共同体の中で静かに個人的に守る黙
想の日々である。それゆえにこそ、日々ささげられる公にして共同の祈りは、
教会の主たる責務のひとつとして正しく考慮されるべきなのである。

　教会は、すべての人に共通な宗教的な働きを、現代において活動する多
くの他の諸団体と分かち合っている。しかしながら、どの団体も独自の働
きとして主張したことのないひとつの働き、ひとつの天賦の特殊な務めが
教会には残されている。それは日々守られる共同の祈りを主導することで
ある。どこでもいつでも人々が祈りのために一緒に顔を合わせるなら、他
とは明確に区別され定義付けられる教会がそこに存在することになる。他
のことはすべて譲歩することも、妥協することも、分かち合うことも、あ

るいは放棄することさえできる。もしも教会が世界に対して他のことは何ひとつすることなく、ただ「ひとつの家」として、魂の帰る故郷の象徴として、そして時が良くても悪くても人々が日々祈りのために集って来ることができる場所として開かれ続けているとすれば、私たちは社会の秩序に対して私たちのなしうる最も偉大な奉仕を行っていることになる。教会が人々を日ごとの黙想と祈りに招き、デボーショナルな生活のために単純で信頼できる機会を提供する限り、この世界における教会の位置づけ、使命、そして影響力は何ら問題にならない。もし教会が共同の祈りを日々ささげることに関しての信仰を失うなら、教会を救うためにそれ以外の何かを探し求めても意味はない。なぜならそのような教会はその核心においてすでに死んでいるからである。

　何より大切なことは、すべての教会で日々行われる朝と晩の共同の祈りを再興することであろう。当然ながら、個別の共同体の要求に応じて、時間は調整される必要がある。託児所は子どもに配慮する必要がある。おそらく、早朝礼拝が仕事や学校に行く途中の人のために、その後の時間帯の礼拝は家で子どもと過ごす親たちや高齢者のために役に立つであろう。お昼時は働いている人たちには最良の時間であろうし、あるいは毎晩の「終課」は一日の終わりに教会に集って持たれるのがよい。いずれにせよ、それらの礼拝は必然的に適度に短く、十五分から二十分くらいであることが求められる。そうすることで、こうしたことに熱心な人たちのほとんどが、そのために時を見いだすようになる。喫緊の課題は、すべてのキリスト教のコミュニティーが、私たちの働く毎日を枠づけ、そこに意味を与えるために、日々行われる時課を回復することである。そうすることによってのみ、私たちの時代における最大の牧会的飢餓状態に対して、十分に応えることになるであろう。

　共同の祈りを通して、私たちは新しい方法で時を経験することが可能となり、神と自己と隣人と共に生きる生活のリズムに触れられる。詩編を通して、私たちは人生経験の深みに引き込まれ、私たちの最も深い感情を表現することができる。共同の祈りと歌によって、個人主義と競争の世界の中で、交わりと連帯の感覚を得ることができる。聖書を読み、黙想することで、私たちはキリスト教の物語を私たちの物語とし、漂う世界の中で神と共にあって人生に錨を見いだし、回心と変革を起こす神の言葉と出会うことができる。騒音に満ちた世界の中で沈黙することにより、私たちの最も深いところにある

必要に目をとめて語りかける神の言葉に耳を傾け、聞くことを再び学ぶことができる。祈りによって、私たちの生活と他の人々の生活を神の臨在の中へと携えて行き、神の意志を行うようにと変革され、新たにされ、形造られ、励まされるようになる。人生と時は私たちがその中に閉じ込められている終わりのない円環のようなものではない。祈りの時を設けることは、毎日の時を聖とし、私たちの信仰の旅路を意味あるものにする。

　さらにまた思い起こすべきことがある。すなわち、イエスは私たちに次のように命じられた。絶えず祈り、神の臨在の中で常に私たちの人生を生き、神の意志を見極めるために一心に努力し、徳の数々を実践し、人類の必要のためになされる奉仕と行動の人生へと向かわせる神の導きにオープンであるようにと。日課を日々守ることによってこれらの目的を果たすのに貢献する道が開かれるが、私たちはまた、同様に個人的霊性について学ばなければならない。私たちは皆、霊的な旅の途上にある。私たちは神と隣人を愛する生活を送るものとなることを望んでいるが、そうした能力は自然に身につくものではない。教会は私たちが神への愛と隣人愛に生きるように助け、私たちの過ごす日々を聖なるものとし、それによって私たちに次のことを思い起こさせるのである。「この日こそ主が造られた日。さあ、喜びに喜ぼう」。

霊的な信仰教育

　日々行われる共同の祈りの習慣を再構築することの障害となるものは数えきれず、また大きい。そのひとつは、牧師に対して、これが牧師としての時の最も良い用い方だと、説得することである。他には、適切な時を見つけ出すことと、共同の祈りに常に出席する習慣が身に付くまで忍耐することである。神学校の学生と過ごした経験から、ひとつの問題を取り上げよう。神学生ですら、日々行う共同の祈りを、やっかいなものと見ているようである。他にもっと差し迫ったニーズがあるように思われるからである。牧師の立場からすると、教会員に向かって「その日は祈りのためのリトリートに参加するので、あなたがたの求めに応じることはできません」と伝えることを恥じるようなところがある。牧会上の呼び出し、委員会の会議、学び、説教準備、そして教区の義務から離れて、祈りのために時間を取るのは、理屈に合わないと多くの牧師は見ている。私たちの多忙な世俗世界では、祈りは現実逃避ではないにしても、余分なこととして生活の中で位置づけられる。共同の祈

りが、今一度、霊的なことがらを中心に据えたいという私たち人類の共通した願望に対する応答となりうると認識されるようになるために、私たちは信仰教育において一致して努力することが求められる。さらにまた、このような共同の祈りが私たちの通常の日常生活の中で意義深い習慣となるためにも、信仰教育が必要となるであろう。

信仰教育と共同の祈り

　ほとんどの人が神との親密な関係を望んでいる。私たちが人間の友情について知ることを、神との友情にあてはめてみる必要がある。たとえば、私たちは友人と二人だけでいることを好む。友人と共に何をしているか、あるいは何かを行うかどうかといったことは、結局のところ問題ではない。相手と一緒にいるだけで十分なのである。労働が最も満足を与えるのは、友人が助け合う時である。何らかの大切な仕事を果たすにしても、友人と共にそれを行う時には、より満足度が上がる。私たちは誰とでもいろいろな課題を議論することはできるが、私たちが友人と議論する時に分かち合っているのは課題だけではない。感情や、希望、願い、失敗、夢も分かち合っている。友人とであれば、時間が費やされるのを気にしない。友人といる時であれば、何か重要なことを成し遂げる必要はない。友情が山の頂上にたどり着くような経験をする時もあれば、絶望の谷に沈む時もある。しかし、ほとんどの時、友人と共にいる人生は、平野の中で生きているのである。友人たちは、平野の中で生きるのを強く望んでいる。神と私たちの関係は、人間同士の友人関係と似た性質でなければならない。日ごとの共同の祈りのための信仰教育は、何よりも神との友人関係を発展させるのに役立つものとなる。

　多くの人たちにとって、祈ることは話すことである。神の臨在があまり現実的ではないとか、神が何かを語るのをめったに聞かないという苦情を私たちは口にする。私たちが神に対して取っているような態度で人々と向き合うなら、当然ながら、私たちは他の人間との間に啓発的な分かち合いの関係を持つことはできないだろう。実際、耳を傾けるために十分に静かにしていなければ、私たちは友人が語ることを決して聞き取ることはできない。私たち人間は、本当に奇妙なものである。私たちの神学生は礼拝堂に行き、到着した瞬間から退出する瞬間まで話している。まずお互いに話し、礼拝が始まると神に話しかける。この会話の最中に休みなどはほとんどない。彼らの祈り

はすべての言葉が彼らによって唱えられる。聖書朗読はひとつの聖句から次の朗読箇所まで、息をつく暇もなく一気に進む。沈黙は人を非常に落ち着かない気分にさせる。多くの神学生が、わずか二、三分でも沈黙があると耐えるのが難しいと、不平を言う。忍耐する仕方を習い、沈黙を創造的に用い、神の自己開示に対して耳をいかに傾け、またいかに私たち自身を開いていくかを学ぶ上で、信仰教育は私たちを援助するものとなる。

　人々が次のように言うのをよく耳にする。「私たちは、自分たちだけで祈れる。他の人たちは祈るに際して必要はない。一人で祈っていた方が好都合である」。おそらく、そのような考えを、私たち自身も持っていたはずである。個人主義は私たちの人生の一部である。私たちは独力で何事もするように教えられてきた。しかし私たちは共同体を求めている。どの教会も親しみに満ち、配慮に富んだ共同体となることを欲している。けれども私たちは一人でこそ最良の祈りをささげることができると自らに信じ込ませながら、それと同時に共同体を創造する方法を発見しようと努めているのである。私たちは意味深い関係に憧れる時においてですら、あたかも単独の人間でありうるかのように振る舞う。信仰教育は、共同体というものが、次のような人々に与えられる賜物であることを学ぶ助けとならねばならない。それは、共に祈る人々、神と生を共にする人々、そして沈黙と助けを求める叫びにおいて他者と自分たちの心の願いを分かち合い、また自分たちの生の歪みを分かち合う人々である。

　日々守る日課は、次の要素から構成される。詩編、カンティクルあるいは賛歌、祈祷、そして旧新約聖書朗読、そして聖書以外の文書の朗読（たとえば聖書と関連していたり、私たちが祝う特定の祝祭日と関連するような、カルヴァン、ルター、アンブロシウス、アウグスティヌスの著作に書かれた文章、イグナティウス、アビラのテレジア、ノリッジのジュリアン、あるいは十字架のヨハネなどの霊的な文章）である。信仰教育は、私たちが詩編の特徴とメッセージを理解する助けとなる。それはカンティクル（賛歌）と信仰の歌へと、私たちを導くことになる。また聖書の言葉を理解し、解釈するように学ぶ助けとなる必要がある。さらに重要なのは、聖書の言葉を黙想することを学ぶ助けとなることである。これらすべてによって、いかに、また何のために祈るかを私たちは学ぶのである。

《例》

　聖務日課を体験するために週末のリトリートを行う場合、それを実施する前に準備のための短い会合を持ち、また事後に振り返りを行う。日課と日課の間には、聖書の黙想と祈りについての信仰教育を行い、また黙想と祈りを実践するのもよいだろう。

共同の祈りの際の信仰教育

　毎日行う日課の中で信仰教育の中心となるのは、旧新約聖書の言葉の中に記された「神の言葉」との出会いである。聖書の言葉は黙って読まれるべきではない。読まれる聖句の背景となる内容を、私たちは会衆に提示しなければならない。さらに、聖書箇所のコンテキストが説明されるべきである。礼拝参加者が朗読についていけるように聖書を各自が持てるようにすることも重要であるが、その時に聖書朗読者は違った訳の聖書から読むのが適切であろう。たとえば会衆席に『ニュー・イングリッシュ・バイブル（*New English Bible*)』があれば、『ニュー・リヴァイズド・スタンダード・ヴァージョン（*New Revised Standard Version*)』から読んでもよい。

　同じように重要なのは、それぞれの朗読の後で沈黙の時を持つことである。多くの場合、黙想への何らかの導きを与えるとよい。たとえば、もし旧約聖書の言葉がエゼキエル書34章11–16節であれば、会衆は日常生活を振り返るように導かれ、彼らが配慮をされ、見守られ、保護され、養われ、救われ、見出された時を思い起こすように促される。その経験をもう一度生きて、神が日常生活の中で羊飼いとして関わってくださる恵みを思い起こし、神に感謝をする。もうひとつ考えられるあり方としては、聖書箇所についての短いコメンタリーを読んで、思いめぐらすことである。

《例》

　ヴォランティアとしての信徒朗読者の集まりが、礼拝で聖書朗読をするために作られてもよい。聖書に関する信仰教育、ストーリーテリング、朗読、指導つき黙想、そして共同体の祈りなどが、毎年持たれるプログラムとして、この責任を担うために計画されてもよい。またこれらの人たちが聖書研究と祈りのための短期のグループを組織し、一年間にわたって彼らの家で集会を行うことも考えられる。

共同の祈りに向けた信仰教育

　毎日ささげる個人、あるいは共同での祈りに意味をよく理解して参加するための備えとして、祈りにおいて霊的な識別を行う技術を身につける必要がある。聖書は、祈りに関して二つの信仰教育を私たちに与えている。ひとつはルカ福音書で、異邦人キリスト者のために記されたものであり、彼らは祈ることを初めて学ぶ人たちである。もうひとつはマタイ福音書で、ユダヤ人キリスト者に向けられており、彼らは子どもの時に祈ることを学んだが、その祈りは惰性に陥る危険がある。いずれの福音書にも「主の祈り」が収められ、イエスの祈る姿を見ることによって弟子たちが学んだ、祈りの方法と目的の要約が書かれている。すべての福音書記者にとって、イエスがゲッセマネでささげた祈りが、模範を提供している。すなわち、「私の親である神よ、すべてはあなたにとって可能なことです。私の人生から何を望まれるのでしょうか。……願わくば、この時があなたの定められたことのうちにはありませんように。それでも、あなたの御心が私に行われますように。……あなたは私に御心を示し、私はそれを受けとめました。あなたに賛美をささげます」。私たちが学ぶべきことは、神に何を求めなければならないか、神の応答にいかに耳を傾けるかということである。神が教えようとしておられることを尋ね求めることができるように、また、私たちが願ったことはすでに与えられているのだと信じる信仰を持てるように、私たちは学んでいかなければならない。

　「主の祈り」は私たちが何を尋ねるべきかを理解する助けとなる。「私も他のいかなる人もなしえない何を、あなたは私にできるようにさせようとしておられるのか」「私の人生において、今日この日にあなたは何を聖なるものとすることを望んでおられるのか」「私を通して、いかに神の支配は、今日、やって来るのか」「『御心が成りますように』と祈らなければならない私の『ゲッセマネ』とは何か」「今日、私に最も必要な養い、あるいは助けは何か」「私は何のために最も大きな赦しを必要とし、また誰に対して最も大きな赦しを与える必要があるのか」「私が最も大きな守りを必要としているのはいったい何に対してなのか」。これらの質問を投げかけることを学ぶ必要があり、また神の答えに耳を傾ける必要があるが、それは共同の祈りへの備えのためである。さらに、共同の祈りのために、聖霊の働きを識別するこ

とを学び、それに携わることを学ばなければならない。私たちは毎日の生活を通して、私たちの精神状態に意識を傾け続ける習慣を身に付け、その日の精神状態の原因と意味を識別することを学ぶ必要がある。私たちは、日常生活の中での経験を吟味することで一日の祈りを準備し、神の霊が導こうとしている場所、あるいは私たちを召されている場所を見極め、私たちの生活の中で神が何を変革するように望まれているかを知らなければならない。

　私たちは、割り当てられた聖書の言葉を、良い注解書の助けを借りて、毎日守る日課の準備として学ばなければならない。また私たちは、私たちの経験の中で神がご自身を啓示してくださったこと、また神が与えてくださった恵みを個人的に記憶に留めることを、日常生活の中で習慣の一部分とすることを学ぶ必要がある。それにより、私たちは共同でささげる祈りの時に、神の恵みの泉に戻ることができるであろう。このような習慣を身に付けることによって、私たちはそれまで注意を払うのを怠ったり十分に対応してこなかったりした人生における問題に関して、シンプルな命題を共同で導き出すことができるようになる。そうすることで共同の祈りの時にそれらを神の前に差し出し、神が答えてくださるのを感じることができるだろう。私たちは、いろいろなこだわりや「依存症」から解放された霊的・心理的自由を養育しなければならない。また、霊の動きに耳を傾けられるように私たちを助けて、霊的な旅の途中で支えてくれる、霊的指導者を求める必要がある。この点で、機会あるごとに集まりリトリートを開いて指導を受け、神についての経験を深め、私たちの人生に対する神の意志を識別する力を深めていくべきである。

　識別の技術を身につけてしまえば、それを毎日の日課に十分な理解をもって参加するための準備として実践することが可能となる。一見するとあまりにも多くの学ぶべき課題があるように思われるかもしれない。そして相当な量の準備が求められるように思われるかもしれない。しかし、一度、身につけてしまえば、私たちにとってそれは自然なこととなり、毎日の生活の中でささげる個人的な祈り、また共同での祈りに十全にして完全な形で参与するために必要な諸要素を提供してくれる。

《例》
　先述した二つの事例は共同の祈りに向けた信仰教育として適しているが、これとは別に、人々が活動している場であればどこであれ、昼時に二、三時

間の短いリトリートを持つことが可能である。集まった人々は昼食を摂らず
に断食することもできる。祈りのある一部分（たとえば先述したばかりの主の
祈りの一部分など）を短い導入にしてもよい。そうすれば、参加者は一時間
の沈黙のうちに主の祈りを個人的に祈ることもでき、それから分かち合いと
共同の祈りの時を持つこともできる。

ルブリク

　毎日行う日課に関して覚えておくべき最も重要なことは、おそらく、それ
が聖職者の指導を必要としないことである。朝晩の祈りは、信徒がリードす
る機会を提供する。実際に、たとえ聖職者がリーダーシップを取るとしても、
聖書朗読と祈祷は信徒によって適宜、導かれる。

　ひとつひとつの礼拝を準備するにあたって、その日にキリスト教の共同体
の生活における、何か特別な事柄を祝うかどうかを確認しておくことは重要
である。もしそうであるならば、礼拝の冒頭でその日は特別に何を祝うのか、
きちんと伝えるべきである。

　日課の開始に続いて罪の告白を行うことは適切だが、必須ではない。赦し
に続いて、招きの詩編、「ヴェニテ（Venite）」（詩編 95 編）あるいは「ユビラ
ーテ（Jubilate）」（詩編 100 編）が歌われる。次にその日のために選ばれた詩
編を読み、聖書日課の中からその日の聖書箇所を二つか三つ読む。これらの
前には導入部が置かれ、沈黙の黙想や、指導のもとで持たれる黙想がこれに
続く。聖書朗読の間でカンティクルが歌われる。福音書の後で、説教が語ら
れるか、聖書以外のキリスト教の文書の一節が読まれる。次に使徒信条を一
同で唱えるのが適当である。そして、祈りが来る。沈黙のうちに、またはよ
り望ましいこととして声に出してささげられる個人の祈りのために、時間が
割かれなければならない。礼拝は祝福と派遣の祈りによって終わる。聖書朗
読には聖書日課の詩編、旧約聖書、使徒書、福音書を毎日用いることが非常
に重要である。それにより、二年間で、聖書の言葉がすべて聞かれるのであ
る。

　日曜日は聖餐式の日であり、週日は日々の日課のための日である。両方を
合わせて私たちに養いを与えてくれるが、それは日々の生活を聖なるものと
し、世俗的な時を神の時へと変えるためのものである。

　多くの教区では朝と晩、あるいは朝か晩の祈りをリードする役割を委ねら

れた信徒がいる。そのような教会では、一週間のそれぞれの日に二人の人が
担当をあてがわれて、夕方の祈りをリードする。それによって仕事から家に
帰る途中の人たちが祈りに加われるのである。あるいは、牧師、秘書、会堂
守や、他の教会スタッフが出席できる時には、朝の祈りを毎日持つことがで
きる。教会に電話がかかってきた時に、録音メッセージとして流れる「スタ
ッフは祈祷会の最中です。メッセージを残してください」という言葉は信仰
教育に役に立つ。これらも信徒によって行われうるし、牧師に祈る機会を与
えることになる。

第6章

牧会的諸式──個人と共同体の生における移行期

THE PASTORAL OFFICES:
TRANSITIONS IN THE LIVES OF PERSONS AND THE COMMUNITY

洗礼と聖餐は教会のすべての礼拝にとって基準であり、基盤であり、文脈であり、出発点であるが、教会は実に多様な礼拝体験を伝統的に守ってきた。それらはキリスト者の人生経験の様々な局面と関わっている。これらの礼拝は一般的に「牧会的諸式」と呼ばれている。プロテスタント教会の聖礼典のリストには含まれてはいないが、牧会的諸式はその性格からして「サクラメンタル」である──すなわちこれらの式は多種多様なシンボルや象徴的行為を用いることによって、神の臨在と恵みに感謝するのである。

　洗礼はキリスト教共同体への入信儀礼として必要十分なものであり、聖餐は共同体において共なる生活を維持するのに必要十分なものである。しかし教会はさらに礼拝の機会を設けることが人々のためになることを発見したのである。それはライフサイクルにおける様々な局面にふさわしい礼拝である。これらの牧会的諸式はたんに人々が望むから、あるいは人々がそれによって助けられるからという理由で提供されたのではない。この本の序文で述べたように、礼拝の目的は神を賛美することであって、他の何ものでもない。キリスト教の礼拝は私たち人間の求めを満たすためや、まして人間の最高の目的を達成するために用いられるべきではない。牧会的諸式が生まれるに至った理由は、人生における様々な変化から生じる危機的状況が福音を告知し信仰を堅固にするための卓越した機会を提供することになると教会が判断したからである。一人の男性と一人の女性が結婚する。女性が出産する。人が亡くなる。──これらすべての出来事は、教会共同体にとって、人生における

重要な転換点に対して信仰をもって関わり、また信仰を堅固なものとするために共に集まる、またとない機会なのである。

　もちろん、これらの変化を経験する中で神に礼拝をささげながら、私たちもまた人々がその変化に適応するために援助すること、そしてその変化を意味あるものとすることを願っている。私たちが信じているのは次のことである。人々は牧会的諸式に参加することで勇気づけられ、教育され、養われ、訓練され、そして支えられるのであると。近年の教会で行われている牧会は、世俗的な、一対一の心理学的指向のセラピーをモデルとした配慮のスタイルにとらわれていると私たちは感じる。この本の後半では、教会が神を礼拝しながら、個々の教会が人々をケアしていく具体的な方法について述べることとする。

　牧会的諸式において神を礼拝する一方で、私たちはまた、人生の危機のただ中にあってキリスト者として考え、行動するように、人々を教育していることも心に留めたい。礼拝の主たる目的は人々を教育することではない。しかし人々は神を礼拝する時、神の民は人生の危機に直面した際に、いかに考え、感じ、また行動すべきであるかを教育される。牧会的諸式におけるこの教育は、ある特定の人生上の危機を現在くぐり抜けようとしている人に対してだけ行われるものではない。それは将来において同様の危機を迎えるために備えている人々をも教育するのであり、また過去においてそのような危機を経験してきた人をも教育しているのである。葬儀では、喪失の痛みを負った家族の嘆き、疑問、疑い、そして信仰を扱うだけではない。私たちが扱うのは、将来経験する嘆きの状況に備えている共同体の人々の嘆き、疑問、疑い、信仰であり、過去の喪失体験以来、いまだ解決を見ないままに嘆きと取り組んでいる人々の嘆き、疑問、疑い、そして信仰をも扱うのである。言い換えれば、キリスト教の礼拝は、牧会的諸式の中でさえ、その共同体的（communal）、共同的（corporate）、教会的（ecclesial）性格を維持しているのである。

　どの文化の中にも、人々の生活が変化することに関わる通過儀礼、移行儀礼、あるいは時に人生の危機を超えるための儀礼がある。ある儀礼は誕生、肉体的成熟、死といった生物学的変化に対応しているが、他の儀礼は結婚、卒業、就職、引退などのような社会的変化に対応している。そのような立場や役割の変化する時は、一人一人にとって、そして彼らの共同体にとって傷

を受ける時でもある。もし私たちが人生上の移行期を創造的に、肯定的に扱うべきであるなら、また私たちの人生における変化の重要性を理解すべきであるなら、礼拝と信仰教育は再びひとつのものとならなければならない。

　人生上の危機に際して私たちが行う儀礼は、私たちの生活の中で変化に意味を与え、これらの変化によって影響された共同体の秩序と調和を回復し、すべての人、中でも次世代の人たちが人間の生における変化の意味と目的を理解するための助けとなる。私たちは人間のライフサイクルの中で起こる移行期の出来事を無視することはできない。キリスト教信仰は人間の生におけるすべての否定的、肯定的変化に対して、言うべきことを持っている。礼拝と信仰教育が人間のライフサイクルを真剣に取り上げる時にだけ、キリスト教的生活が十分に実現可能となる。

　人生上の危機に関する諸儀礼は、三つの特徴的な側面を持っている。ひとつには分離であり、共同体の中で人が以前に占めていた立場、役割、状態から、儀礼的に退くという特徴を持つ。次はやや長い移行期の入り口の、試練とも言うべき側面で、新しい役割や立場のための準備という特徴を有している。最後は復帰の側面で、人を新たな立場や役割に儀式的に就かせて共同体の中にもう一度受け入れることである。人生上の危機に関する諸儀礼におけるこれらの段階から見て、信仰教育が移行期の側面に対して特に有益であることは明らかである。この段階を経過する間、人々に望まれるのは基本的な知識や理解、感性や態度、技術や行動を身に付けることであり、それは新たな状況において目的を持って、また意味を持って生きるために必要とされる。伝統的にこの学びは非公式のうちに経験的になされていたが、儀礼の重要な一面として常に真剣に受けとめられていたのである。

　私たちが信仰教育と牧会的諸式について考える時、通過儀礼的な経験そのものに不可欠な信仰教育のみならず、通過儀礼の儀式を意義深いものとするために何が必要かということを探求しなければならない。この点に関して、通過儀礼的な経験は長い期間を要するものであり、通過儀礼に関わる儀式はこうした長期間の経験そのものを凝縮したかたちで示していることに留意することが重要である。たとえば、結婚という通過儀礼的な経験は婚約から始まってハネムーンに至るまで続く。そうした経験を凝縮した儀式が結婚式である。通過儀礼的な経験が適切かつ十分に取り扱われないならば、儀式の意義は欠けたものとなる。私たちは儀式そのものの中で信仰教育が占める場に

ついて考慮する必要があるが（たとえば、それは結婚式の説教において、そして罪の告白の後で、または和解の儀式における罪の赦しの宣言の前で行われるべきであろう）、他方、信仰教育が儀式そのものの基調であるという事実をきわめて真剣に受けとめるべきである。共同体と個人が経験する人間のライフサイクルの中の移行期において、信仰教育と礼拝の相関性を無視することはもはや許されない。

　私たちの生活の中で起きる個別の出来事はとても意味があり、私たちの心に深く触れるので、それらの出来事に私たちのキリスト教信仰の光の中で焦点を当てるのは、きわめて重要なことである。牧会的諸式の目的と機能はまさにそれを行うことにある。それゆえにこれらの諸式以上に、礼拝と信仰教育を統合する意義と重要性を示すものはない。人間の「自然な」経験と関わる伝統的な牧会的諸式の中には、結婚、誕生、病気、そして死についての関心が含まれている。

　牧会的諸式には、道徳的危機、職業の決定、そして共同体生活の中で起こる分離の時と関係しているものもある。これらの諸式は伝統的に和解とキリスト教的奉仕への関与を含んでいる。新たな課題として現れてきたのは、引越し、離婚、そして引退などである。さらに按手礼や新たな宣教活動のための祝福などの牧会的諸式は、共同体にとって新しい象徴の担い手の召命と直接関わる儀式である。

　これらの変化ひとつひとつにはキリスト教的な解釈が求められる。それぞれの変化は、より深い信仰とより一層の忠実さに向かう宗教的回心の可能性を提供する。私たちは儀式を作り、儀式によって形作られている。私たちは信仰教育によって形作られ、変革される。礼拝式と礼拝行為は、個々人の生活及び共同体の生活における危機的ことがらに向かって語りかけるのである。

　キリスト者は神とキリストと共に、この世界を見つめ、そこで生きる。キリスト者は信仰によって、神が彼らと共におられることを認める。キリスト者は神に対して、祈りの中で「あなた」と語りかけることを認めている。こうした一連の信仰的確信は奇妙なものとは思われないかもしれないが、しかし教会に関わる多くの人々が行ってきた実際の振る舞い方に照らし合わせると奇妙に見えざるをえない。多くの人々は、教会の牧会的諸式と聖礼典に対して、あたかも神が彼ら（個々人）の上に課した義務であるかのように、そしてそれによって死後の報いを得られるかのように、それらに与っている。

さらに悪いのは、彼らがある特定の行為を行うのは、神から報いを受け取るためであって、もしそうした行為を行わないなら、その報いは受けないし受けられないと考えているのである。これは宗教的な見方と対比される、世界についての魔術的な見方である。宗教的な見方が伝えるのは、私たちが行っていることは単純かつ明快な行為であり、それはすでに私たちに示された神の御心の内容を、私たちが理解できるようにリアルなものとする（具体化する）ことだという主張である。確かにこれらのサクラメンタルな行為は恵みを運ぶ。しかしその恵みとは、こうした行為を実行することで入手可能となるのではなく、私たちが信仰（的認識）と信頼によって既に与えられたものとして受け入れる無償の贈り物である。もちろん、この信頼、あるいは認識、この信仰は、それ自体が贈り物であり、それに対して私たちはただ感謝をささげることだけができる。

　私たちの人生やこれらのサクラメンタルな行為におけるキリストの臨在を、信仰教育を通して証明するという方法は存在しない。また神の恵みは無償の贈り物であるという信念を知的に擁護する方法も存在しない。そうした信念は私たちが特定の儀式に信仰をもって参加する時にのみ、重要なかたちで現実のものとなるのである。さらにまたすでに与えられている恵みを現実のものとするために必要な「信仰の眼」を、人々に与えるための方法も存在しない。信仰教育がなしうることは、経験の分かち合いと経験を振り返って考察するための文脈を提供することにすぎない。それでもなおこの限定的な活動は本質的に重要である。もしその活動がなければ宇宙についての魔術的な見方はいつまでも残ることになり、キリスト教の信仰と啓示は、逃避傾向を持つ病的な宗教の支持を受けて、歪められてしまうであろう。

　それでは次章から、牧会的諸式を守る中で、私たちが人々を教育し配慮する方法について探求していくことにしよう。以下の各章において、まず初めに諸式の起源と意味について述べ、続いてこれらの式に十分な理解をもって参加するために人々をどのように準備させるかについて考察し、最後にこれらの礼拝に対して、司式者がいかにしてより良い指導性を発揮できるようになるかを考えてみたい。

第7章

結婚式と祝福

THE CELEBRATION AND BLESSING OF A MARRIAGE

結婚において男性と女性をひとつに結び合わせることは、すべての共同的行為の中で最も「肉的（corporeal）」なことがらに教会が関わる機会を提供する。結婚は性——生殖、肉体的愛、一致、そして二人の個人が「一つの肉」となることがら——を扱わなければならない。キリスト教の結婚は、子どもの養育のための関係を提供すると同時に、富める時も貧しい時も与えられるお互いの喜びと助けと慰めの関係を提供することになると教会は伝統的に教えてきた。しかし、そうした関係においてすら、結婚の「肉」的な性格から逃れることはできない。すなわちこの牧会的儀式には平凡で世俗的な、そして肉体的性的な性格が含まれている。そしてそこにまたその美質も含まれている。

結婚式の挙行と祝福が教会に要求するのは、信仰の受肉的性格を実践することであり、人間関係のただ中に神的なものを見出し、創造とセクシュアリティと生殖は神が計画された良きものの一部であると認めることである。それは神の継続的な創造性に被造物が与るのを許された、愛である創造者からの贈り物である。キリスト教を別世界のものとし、この世から分離され、「霊的」で個人化され、禁欲的なものにしようとする人々がいる。結婚式の挙行と祝福はそのような人々に対する抗議であり、またそれは私たちが信じる、受肉し、二つのものをひとつとし、肉体的であり、結合する信仰を肯定することなのである。

聖書の中に結婚の礼拝に関する記述はない。旧約聖書で結婚について言及する時には、二つの基本的な確信の光のもとで見られている。ひとつは神の

創造は良きもので、男と女が神に創造されたことと、それに付随する人間の
セクシュアリティを含んでいる。もうひとつは、神のイスラエルとの確かな
契約関係がすべての人間関係のモデルとなっていることであり、それは結婚
における男女関係も含んでいる。

　旧約聖書は性について多くのことを語っていて、人間の性の表現に対する
厳しい掟も含むが、旧約聖書が性とは邪悪であると述べている箇所はどこに
もない。「神は御自分にかたどって人を創造された。神にかたどって創造さ
れた。男と女に創造された」（創世記1・27）。性は神が造られた諸々のこと
がらの計画の一部である。それは人間が創造の神秘に参与する手段である。
しかし、人間の他の面における創造性と同様に、性は人によって乱用され、
倒錯に陥らせ、安価なものに貶められうる。性は喜びのうちに、そしてこれ
が私たちに与えられた神の贈り物のひとつであるという認識をもって関わる
べきであり、神の贈り物の適切な用い方に対して、敬意を持たずに関わるべ
きではない。

　このような関心の持ち方から、イスラエルの信仰的確信が姿を現す。それ
は、性が最も有益であり、神の目的に最も一致するのは、イスラエルがその
神と共に味わった関係のように、配慮と忠実さと創造性と排他的関係におい
て営まれる時である、という確信である。旧約聖書の著者たちは、神の顧
み、すなわちその契約におけるイスラエルに対する神の「確かな愛」を、結
婚における男女にとっての理想的な愛のあり方にたとえた。イスラエルの民
の生活の中で起きた様々な変化を通して、神がイスラエルを選び、愛し、保
ち、忠実であったように、結婚した男女も生涯の中で起こる諸々の変化を通
じて、お互いに忠実であるべきであった。反対に、男女が結婚において経験
した、生涯にわたって関わりを持ち、自己を与える愛は、イスラエルがその
神から受けた自己を与える人生全体を包む愛についての人間的な類比として
見られた。

　新約聖書は、結婚についてユダヤ教が継承してきた考え方をイエスが深
めたように描いている。離婚の後の結婚について尋ねられた時（マルコ10・
11–12、マタイ19・3–9、ルカ16・18）、結婚は排他的で一夫一婦の関係である
べきだと言うだけではなく、生涯続く関係であるべきだとイエスは述べられ
た。するとファリサイ派の人々はイエスに指摘をした。申命記（24・1）の
言葉によれば、離婚は一般的に夫の主導のもとで行うことが許され、それに

よって汚名を着せられることもなければ告訴されることもない、というのである。どのような状況が離婚の十分な原因となるかについて、ラビの間で意見の相違があったことがわかる。あるラビは宗教的な理由（エズラ記10・3, 44）あるいは子どもがないこと（マラキ書2・15）によって離婚を許可した。他のラビは女性がまずい料理を作ることを根拠にして、男性が妻と離婚するのを認めたのである。明らかに、この決まりごとにおける女性の立場は極端に弱かった。

　イエスはご自分が違う見方をしていることを明確にされる。

　「あなたたちは読んだことがないのか。創造主は初めから人を男と女とにお造りになった。」そして、こうも言われた。「それゆえ、人は父母を離れてその妻と結ばれ、二人は一体となる。だから、二人はもはや別々ではなく、一体である。従って、神が結び合わせてくださったものを、人は離してはならない。」すると、彼らはイエスに言った。「では、なぜモーセは、離縁状を渡して離縁するように命じたのですか。」イエスは言われた。「あなたたちの心が頑固なので、モーセは妻を離縁することを許したのであって、初めからそうだったわけではない。言っておくが、不法な結婚でもないのに妻を離縁して、他の女を妻にする者は、姦通の罪を犯すことになる。」（マタイ19・4–9）

　言い換えれば、イエスは結婚を、親の子に対する関係も含めて他の人間関係に優先する関係であるだけではなく、永続的関係であると考えていたと、教会は理解している。イエスはここで、結婚生活に関して一段高められた見方を主張するが、それは結婚を神の創造の秩序の一部、創造において神が合一をもたらそうとする目的実現の一部と見る見方である。それは結婚をひとつの例示、すなわちすべての人間関係の中で最高にして最も長く維持し続けるためのパラダイム——神と神の民との関係に似ていないこともない——と見ている。パウロはこの点を強調している。

　妻たちよ、主に仕えるように、自分の夫に仕えなさい。キリストが教会の頭であり、自らその体の救い主であるように、夫は妻の頭だからです。……夫たちよ、キリストが教会を愛し、教会のために御自分をお与えに

なったように、妻を愛しなさい。……そのように夫も、自分の体のように妻を愛さなくてはなりません。(エフェソ5・22–28)

　一見すると、パウロの結婚についての言葉は、結婚における女性の服従を支持する見方を主張しているように見える。しかし、少し丁寧に見る必要がある。服従はここで主たる原理であるが、相互の服従なのである。それは、誓約や親和性、あるいは愛に土台を置くのでさえなく、キリストに対する夫と妻の関係に土台を置いて、相互に自己を与えることである。パウロにとって、キリスト教の結婚とは、私たちのキリストとの関係の本質から引き出されるのであって、そのキリストは私たちが持つべきお互いの関係に関して、本来的に意図された性質を啓示している。この「相互の服従」はペトロの手紙一5章5節、ローマの信徒への手紙12章10節、そしてフィリピの信徒への手紙2章3節でも、命じられている。

　エフェソの信徒への手紙に書かれたこの言葉をもとにして男性による支配を求めるいかなる主張も、福音書に描かれたイエスが主であるという特別な位置づけに対して不当な主張となるのである。パウロが夫たちについて命じるキリストに似た「頭としての支配」は、奉仕、相互服従、受難、そして自分をすべてささげる意味での「支配」である。特にパウロの時代の状況では、この言葉は男性支配の正当化とはかけ離れている。むしろこれは結婚における男女関係の根本的に新しいイメージであり、無条件で妻が夫にただ服従するというイメージから、夫は妻への愛において無制限に身をささげるというイメージに、結婚における結びつきが変革させられている。ここに記されたパウロの考えをより正確に解釈するなら、相互服従というより「相互献身」である。

　結婚が信仰的な、あるいは充実した人間生活にとって必要不可欠なものであると教会は教えているわけではない。実際には、単身であることは結婚同様に聖なる召命である。結婚生活はサクラメントであるように意図されている——それは恵み深い神の、外に向けられて目に見えるしるしであり、その神はどれほど私たちが不信仰であっても決してあきらめず、私たちが与える痛みや約束の破棄を赦し、私たちが受けるに値するものを超えて、私たちに必要なものを与えようとされ、そして最も愛されるに値しない状態の時にも私たちを受け入れてくださる。

　この世の文化と違って、教会は愛着としての愛についてほとんど語らないし、共通の関心事、お互いの利益、契約上の同意、あるいは官能的な愛着のみに土台を置く結婚の知恵を疑問視する。教会が第一に配慮するのは、結婚をする二人の人格についてであり、関係を保ち続けて約束を守り続けることが可能かどうかという点にある。

　いずれにせよ、キリスト教の結婚がモデルとしているのは、留保なく自己を与えるキリストの愛であることは明らかである。それゆえに、教会は伝統的に結婚の結びつきを、永続的、排他的、忠実で、長きにわたって苦難を負うものとして見ている。キリストにおける神の愛が、私たちのモデルであり、具体例であり、基準である。

　一人の男性と一人の女性が生涯にわたって、人生全体に関わる関係の中で生きることは、どのようにして可能となるのか。この人生におけるすべての試練、悲劇、そして変化の中で、二人の人間の愛が、どのようにしたら続くのだろうか。もしも、私たちが約束を守り、困難に耐え、忠実であり続けるように神の恵みが助けてくれるということを教会が主張しないとするなら、そのような自己を与える愛は不可能であったことだろう。だから、パウロがキリスト教の結婚の聖性について考える時に、秘義と呼ぶ以外なかったのは不思議ではない。

　教会員は、もし結婚の一体性が危機にさらされた時には、どちらか一方、あるいは双方が、法的な手続きを考える前に、その問題を牧師の前に持ち出す義務を負うこと、そして両者の和解のために手を差し伸べるのが牧師の義務であることを、自覚する必要がある。

　離婚の後、再婚するためにやって来る人たちの場合には、カウンセリングと信仰教育の両方が準備段階で必要になるだろう。そこでは結婚が裁判所で無効にされたか解消されたこと、前の配偶者や以前の結婚で与えられた子どもたちの幸福に向けて継続的に関心が示されていることを牧師は確認しておく必要がある。

　結婚式は、教会の礼拝としては比較的新しい。初代教会では、結婚のセレモニーは、婚姻に関してその地域ですでに行われていた習慣や承認手続きに合わせて執り行われた。教会はそのあと、たいていは直近の日曜日の礼拝の中の特定の場面でこの結婚を祝福した。九世紀までは、式の始めから最後までをキリスト教の礼拝で行う結婚式は見当たらない。教会が最終的に結婚に

関して監督する役目を引き受けたのは、市民的権威を有するものとしてであった。教会と国家はその時点までにひとつのものとして見られるようになっていたからである。

　他の多くの礼拝の行為と同様に、教会は結婚の儀礼に関して地域の習慣をそのまま採り入れて、キリスト教の文脈の中に置いたのである。花嫁が花婿にウェディング・ケーキを食べさせたり、花嫁を花婿に引き渡したり、米をまいたり、指輪を交換するといった古くからある習慣は、すべて初期のローマと中世の習慣と関係していた。伝統的な結婚式で使われる言葉として「所有し、保持し（to have and to hold）」、「死が私たちを分かつまで（till death us do part）」などがあるが、その多くは法律用語で、二人の間での財産権と法律上の契約と関係し、結婚の儀礼の多くの部分が法的／市民的な起源を持つことを反映している。

　今日、キリスト教の牧師が結婚における男女の誓約に立ち会う時、事実上、彼らは市役所の役人として機能しており、州によって発行された結婚許可書の要求に従って、公に誓約の証人となるのである。また、二人が州の役人（治安判事か裁判官）によって結婚式を挙げてもらい、それから教会で結婚の祝福をしてもらうケースもある。この場合、二人は初代教会が行っていた慣例にきわめて近い習慣を守っていることになる。様々な教派で行われる新しい結婚の儀礼においては、結婚について教会が扱う二つの伝統的な側面、つまり結婚の誓約と結婚の祝福を分離する傾向が増加している。これによって教会は、結婚の二つの側面を含んだ礼拝を行うこともできるし、また市役所の役人の前であらかじめ執り行われた結婚を祝福するという側面だけを行うこともできるのである。

　最初から、結婚の礼拝の中心点は証人の前で自由意思によって同意される契約に置かれていた。十五世紀に、フィレンツェ公会議は、「結婚の作用因（efficient cause）はいつも、その場所で声に出して言う相互の同意」であることで意見が一致した。ほとんどの伝統的なプロテスタント教会の結婚式は、中世の結婚式をそのまま採用しただけの古い『祈祷書』にルーツを持っている。結婚の礼拝は、他の儀礼と比べて、宗教改革によって変更された部分はわずかしかなかった。これらの伝統的な礼拝の中に、新しい結婚の儀礼同様、私たちは四つの主要な場面を見出すことができる。

　第一に礼拝は**序式**で始まる。ここでは会衆に対して、何が起こるか、また

教会はなぜこの礼拝を行っているかを告げる。序式の中で、伝統的な結婚の目的についての言葉と同様に、結婚について書かれた聖書の言葉が引用されることもある。『祈祷書』には、現在はこのように記されている。

> 結婚の結びつきと契約は創造において神によって立てられました。そして私たちの主イエス・キリストは、ガリラヤのカナの婚礼に参列し最初の奇跡を行われたことで、人生におけるこの式を祝福されました。それは、キリストと教会が一つとなる秘義を私たちに示します。……

> 心と体と思いにおいて夫と妻が一つとなることは、神によって意図されています。それは彼らのお互いの喜びのため、順境の日にも逆境の日にも、互いのために与えられる助けと慰めのため、そして、神の御心であるなら、子どもを産み、主の知識と愛のうちに養育するためです。

　第二の場面は、**結婚の意志の宣言**である。礼拝の初めの方で、その男性と女性がそこにいる理由、つまり彼らは自由な判断によって二人とも結婚に同意したことを述べる。これは誓約ではなく、それは礼拝の後の方で行う。宣言の中で二人は、無条件に、生涯忠実である意志を表明し、家庭生活についての責任に同意する。二人が意志を表明する際には、そこに集う会衆と証人に向かって、二人は自分のクリスチャンネームかファーストネーム〔つまり姓ではなく〕を使って語るようにする。

　結婚の意志の宣言の後、多くの場合、会衆はこの宣言に彼らも参与することを言葉や象徴的なかたちで表現することによって、二人の関係を支える約束をする。礼拝のこの部分は、結婚がいつも公的な出来事、すなわち社会的結果を伴う個人的な行為であることを思い起こさせる。結婚はあまりに困難であり重いものであるがゆえに、それを二人だけの排他的なことがらとするわけにはいかないのである。

　結婚に関わるその他の行為も、式のこの場面で行われることがある。そうした諸行為は結婚の礼拝における本質的でも標準的となるものでもないが、多くの会衆はそれらを有益なものと見なしている。人によっては花嫁の「引き渡し」の習慣を堅持したいかもしれない──これは女性が家族の財産と見なされた時代から引き継がれている疑問符の付く遺産であるが。新しい合同

メソジスト教会の式文では、この場面で花嫁と花婿の両方の家族が結婚を祝福する言葉を述べるように提案している。説教、信条、賛美歌、会衆からの証言、また、それ以外の礼拝行為（共同で守る礼拝で行われる、会衆にとってなじみのある行為）と共に、ここで聖書が朗読されてもよい。多くの会衆はかつて結婚式というものを花嫁と花婿が牧師の前で交わす、簡略化され個人化された誓約の「パフォーマンス」と見なしていた。しかし今では、会衆は結婚式を彼らがなじんでいるいつもの日曜日の礼拝とより高い共通性を持つものとするために、礼拝の有する様々な側面を結婚の礼拝の中に十分に盛り込むことに新たな関心を寄せ始めている。これによって会衆は結婚式が共同で守るキリスト教の礼拝であることを強調することになる。

　それから第三の場面で、二人はお互いに約束、すなわち誓約を交わす。その際、互いの右手を取ってよく知られた次の言葉を繰り返す。「所有し、保持し（to have and to hold）、今日から、良い時も悪い時も、豊かな時も貧しい時も、病気の時も健康な時も、死が私たちを分かつ時まで、愛し慈しみます」。誓約では生涯続く契約を無条件で守ることを表明する。もう一度言うが、その際、クリスチャンネームかファーストネームが使われるべきである。誓約は結婚の式の中心的な行為であり、結婚における二人の中心的、象徴的な行為なのである。誓約の後、愛と約束を表す指輪か、その他の何か目に見える物が交換されることがある。しかし、これらは約束を交わすという中心的行為からすれば、自由に選択できる添え物にすぎない。

　最後の第四の場面で、式は終わりの祈りと祝福を含む。もし二人が市役所の役人によって教会の外で結婚をしたなら、祝福だけが式の中で行われる唯一の儀式となる。『祈祷書』は、結婚における教会の本質的、象徴的、代替不可能な行為（教会が二人の誓約の証人となること以外で）として、二人がひとつとなることを祝福するための特別な式を提示している。前に述べたように、祝福は婚姻に関して教会が礼拝として扱う最も古い要素である。

　祝福の後、式は平和の挨拶、聖餐式（これは結婚の祝福を執り行うために特にふさわしいあり方である）へと進むこともあれば、あるいは二人が礼拝に参加した人々に挨拶をするために、会衆の間を移動するだけの時もある。あるいはこの挨拶は聖餐式の後に続く場合もある。

　私たちは結婚の式の執行と祝福の規範となる内容を以下に示そう。

　結婚の祝福は、結婚の際に教会が担う中心的、歴史的な務めである。これ

を行うことで、結婚は神が意図された創造の計画の一部であり、キリスト者にとっての崇高な召命であることを私たちは認識する。この式では祝福を、結婚に関する中心的な礼拝の行為として、明確に強調すべきである。結婚が順調にいくためには神の恵みが必要であり、もう一人の人とひとつとなる生活へ忠実に、真摯に、そして献身的に踏み出そうとする人に、神の恵みが惜しみなく与えられることを確言するのが祝福である。

　キリスト教的伝統の最初から、結婚において二人が行う中心となる行為は、証人の前で誓約を交わすことにあった。キリスト教的な結婚というものを実質化するためには、生涯にわたって続く、無制限の、排他的な関係を結ぶことを公に宣言することが求められる。この誓約は役人の前で行われることもある。その場合、教会の果たすべき務めは、その結婚を祝福することのみである。結婚式が教会で行われる場合、通常、教会は誓約の形式と内容について確固とした考えを持っている。教派によっては二人が自分たちで誓約の言葉を自由に書くようにしているが、誓約は教会の関与と結婚についての信仰的理解を表現するような仕方で書かれなければならない——すなわち、そうした言葉はそれぞれのカップルが結婚について抱いている勝手な理解であってはならないのである。『祈祷書』の中でも、独自の形式の礼拝で結婚式を行おうとするカップルへの指示として、誓約は礼拝の中で唯一変えることができない部分であると書かれている。

　結婚の式執行と祝福は、キリスト教会の礼拝の行為である。それは私的で個人的なことがらであってはならない——教会の他の共同で守る諸集会が私的で個人的なことがらであってはならないのと同じである。

　結婚という礼拝における私たちの集いが、特定の男女がひとつとなることによって成立するのは確かであり、またその儀礼は彼らが誰であるかを具体的に示す表現を与えることを望んでいるが、私たちが忘れてはならないのは、結婚の礼拝は教会に「属する」ということである。花嫁と花婿は、彼らの関係におけるある特別な側面を表現するために何か特別なことを式に加えることを望むかもしれないが、礼拝は「彼らの」個人的な礼拝以上のものでなければならない。それは共同で守る礼拝であるので、私たちは私たちが行う結婚の礼拝が適切なものであるかどうかを判断しなければならないが、その基準は他の礼拝の適切さを判断する基準と同じものを用いるのである。これについては後のルブリクの項目でさらに述べることにしよう。

信仰教育と結婚

　私たちが結婚についての信仰教育を開始する時期はあまりにも遅すぎると言わなければならない。二人が結婚を決断した時点では、信仰教育はすでに困難である。特定の年齢を勧めようとは思わないが、子ども、青年、大人がセクシュアリティの問題にふれる際に教会が援助する必要があると、私たちは確信している。

　セクシュアリティを男性と女性が互いに関わるものとして、また彼ら彼女ら自身が関わるものとして定義するならば、このセクシュアリティについての教育をすべての信仰教育にとって不可欠な一面とする必要があると私たちは主張する。セクシュアリティは私たちの存在の中心に位置している。私たちは性的なものとして生まれるが、私たちは皆、私たちのセクシュアリティについて多くのことを、そしてしばしば混乱した数々の断面を知る必要があり、神が与えたこの贈り物を祝福のうちに用いることを学ばなければならない。そうすることでセクシュアリティは罪ではなく、神の恵みの機会となるのである。

　残念ながら、セクシュアリティに関する教育は、教会の中で実に長い間、議論の衝突するテーマとなってきた。性的な自己認識と性行為に関して不十分な扱いをしてきたというだけではなく、セクシュアリティについて健全で全体的な理解を無視してきたのである。人間としての自己実現は結婚に限定されない。すべての人間の生の目的は、霊的なもの——愛に満ちた神との関係を深めつつ成長することなのである。他のすべてのことがらは、結婚も含めてその目的に向かうべきである。共同体の中の一人の人間であるということが人間生活における規範となる一方で、結婚はあるクリスチャンにとって召命である。結婚は、男女がお互いに誠実に関わるための唯一の道というわけではない。結婚に関する信仰教育は次のような問いに人々が答えられるように導かなければならない。「結婚は必要か？」「結婚に代わるものは何か？」「どうして人は結婚しなければならないか？」「どのような人間が結婚すべきなのか？」「愛と性と結婚の関係とは何か？」「結婚と親となることの関係は何か？」人々がいろいろな選択肢を探り、結婚の契約に入るにあたって、その重みを真剣に受けとめ考慮するように、私たちは手助けする必要がある。単身という生き方は、正義に関わる社会的な働きに専心する可能性を

開くこともある。

　愛は結婚に必要であるが、それだけが結婚の十分条件ではない。結婚のひとつの基本的な目的は生殖と子どもの養育であり、もうひとつは霊的な成長と発展のための支えと援助である。後者は前者に優先し、前者のためになくてはならないものである。結婚は全うされなければならない。なぜなら二人は、相手と結婚することによって、それ以外のどのような相手や方法を選んだ場合よりも、恵みにおいて共に成長し救いの道を共に生きることができると、意見が一致したからである。こうしたことがらに関する信仰教育が、子ども時代から始めて、年齢を追って展開されなければならない。言うまでもないことだが、私たちは教会においてこうした信仰教育がどのようなものであるべきかをこれまでに検討しようとすらしてこなかった。まず第一に私たちはそうした教育が不可欠であることを確認する必要がある。それを確認しないことには、結婚はいつまでも思慮もなく軽率なまま行われる世俗の制度に留まるであろう。

　私たちの人生が目指すのは、聖霊における生であり、世界の中での宣教の務めである。結婚とは、この召命と宣教の務めを表現する唯一とは言えないが、ひとつの道である。しかし、もし結婚が私たちの生涯を通じてこの重要な働きを実現すべきものであるなら、結ばれた二人に向けて行う結婚に関する継続的な信仰教育の制度を整えなければならない。結婚から五年後、あるいは三十代半ば、四十代、五十代の信仰教育は特に重要となるであろう。

結婚式の際の信仰教育

　御言葉の礼拝と聖餐を含む完全なかたちの礼拝を行わない結婚の礼拝を、教会が許可したり推奨したりするような場合、信仰教育は非常に難しいものとなる。結婚式は聖句の朗読とテキストについての説教を含むことが重要であると思われる。聖書以外の出典によるキリスト教的な文章を朗読するやり方は、それが旧約と新約聖書からの日課を補足するものであれば認めてもいいかもしれない。

　音楽もまたこれらの基準に適合しなければならない。説教は、参列しているすべての子ども、青年、そして大人に対する信仰教育の機会であり、単身者と既婚者が結婚のサクラメントとしての性格をより深く理解する助けとなるべきである。

さらに、結婚のセレモニーを写真で記録することが一般的になされるが、セレモニー全体を音声で録音するのが良いと思われる。それによって、少なくとも記念日などには、彼らがたどる霊的な旅路の中のドラマチックなこの一歩について家族が思い起こし、振り返ることができる。

結婚に向けた信仰教育

結婚前の信仰教育は、結婚の霊的な側面と、結婚への備えをしている人たちの霊的な健康に焦点を当てるべきである。婚約した二人が自分たちの霊的な旅を探求し、また祈りの生活、聖書の黙想、洞察力において、二人が互いに助け合う習慣を身につけられるように、少なくとも数か月にわたるリトリートを行うことが求められる。

教会が行う式をもう一度見直し、結婚について教会が教える内容と一致するように彼らの式を準備する助けとなる機会が、二人に与えられなければならない。結婚式の式文におけるひとつひとつの言葉とそこで交わされる約束について話し合うべきである。そのようにして二人は結婚について教会が持つ確信に関して共通理解を持てるようになる。

二人は自分たちの召命と霊的な生活に思いをめぐらし、神が彼らを召している宣教の務めを自覚するように導かれるべきである。それによって二人は支え合い、恵みのうちに共に成長できるのである。

聖公会の伝統では、セレモニーに先立ち、司祭が二人に次の宣言書の署名をさせることを求めている。

「私たち、〇〇〇〇と〇〇〇〇は、教会において聖なる婚姻の祝福を受けることを望んでおり、この教会が公式に承認する礼拝の形式において示されているように、夫と妻が生涯にわたってひとつとなるものとして結婚を維持することを厳粛に宣言する。私たちは、それが相互の交わり、励まし、そして理解という目的のためであり、また（もし許されれば）子どもを産み、社会を守り益する者とするために彼らを肉体的、霊的に養育するためであると信じる。そして私たちはこの関係を確立し、加えて神の助けを求める最大限の努力を、力の及ぶ限り互いになすものである。」

　こうした宣言について話し合ったり解釈したりすることは、結婚前の信仰教育におけるひとつの有益な要素を提供することになる。

　最後に、結婚しようとする二人が、約六か月の後に、新婚カップルや既婚カップルのために行われる一定回数のセッションに参加することを、あらかじめ同意してもらうようにすることが重要であると私たちは確信している。そうしたセッションとは、それらのカップルが結婚について振り返り、彼ら彼女らが直面している課題や問題に取り組み、また結婚の契約を守るために互いに助け合うことを目的として行われるものである。

結婚式に関するルブリク

　おそらく、他のいかなる共同の礼拝における行為にもまして、結婚式とその祝福においては、参加者による選択が反映されやすい。前にも記したが、最初から、この儀式はかなりの程度、地域の習慣や好みによって影響されてきている。これはきわめて個人的人間的な出来事である。同時に、この礼拝を導くにあたっては注意が必要である。それと言うのも、結婚式は教会の信仰内容に従った公の礼拝行為であると同時に、州の法律に則った法的な行為でもあるからだ。かつて、結婚の礼拝に関して大きな混乱が生じたが、それは結婚式が、いわば花嫁と花婿あるいはその両親の「所有物」であるという誤った考えが多くの人々の間で広まっていたためである。結婚式は、教会の他のすべての礼拝式と同様に、教会に「属する」のである。それぞれのカップルが個人的な趣向や希望によって礼拝を特徴づけようとするかもしれないが、最終的な礼拝の内容、方向性、そして目的は、教会によって決定されるべきである。

　結婚式を行い、またその祝福をするのに最も適した時は、会衆と共に守る通常の日曜日の礼拝の中である。日曜日の礼拝の中で行われるなら、結婚式が礼拝かどうかについての混乱はなくなり、結婚式を個人的な儀式や公の場での見世物にしてしまう誘惑は小さくてすむ。しかしながら、二人の家族や友人が集まりにくいとか、あるいはそこが結婚式の回数が多い教会であるといった諸般の事情を考慮すれば、結婚式を日曜礼拝以外に行ってもよいだろう。結婚式がいついかなる場で執り行われたとしても、次の日曜日の礼拝の中で結婚の祝福をする機会が会衆に用意されるのがよいと考えられる。日曜

礼拝と結びつけることで、婚姻の社会的、共同体的、そして家族的な意味を明確にする助けとなる。

　他の共同で守る礼拝の場合と同じように、教会は結婚の式を行い、あるいは祝福をするのに最も良い場所である。もう一度言うが、式が教会の礼拝空間の中で執り行われるならば、結婚式が礼拝かどうかについて混乱することは少ない。結婚式のために特別な典礼のバナー、ロウソク、そしてこの式に限定されたその他の装飾が用いられてもよい。しかし、あまりにも数多くの花、ロウソク、あるいは他の装飾品を礼拝空間にまき散らすようなやり方は避けるべきである。そうしたやり方は花屋とウェディング・ディレクターをして、高価で不要なうわべだけの装飾によって教会を「模様替え」してしまおうとする誘惑に陥らせ、結婚の焦点を曖昧にしてしまうことになりかねない。また教会の典礼色は白に変えることなく、その期節のものをそのまま用いるべきである。これによって、結婚式が教会暦の文脈と、教会の通常の礼拝パターンの中に置かれるのである。写真については、専門職かそうでないかにかかわらず、フラッシュを使っての撮影はしないように、また会衆の前で移動しないように指示が必要である。もし、アッシャーがいるなら、彼らはカメラを持っている参列者には、式の最中フラッシュを使った撮影をしないように、可能であれば声をかける。

　式そのものについて言えば、結婚式の挙行と祝福に関わる行為に関して、以下のような全般的示唆を挙げておこう。印刷された結婚式次第を用いることによって、会衆はより積極的に礼拝に参与するように（特に教会員ではない人たちが大勢、ゲストとして来ている場合には）奨励されるべきである。音楽は、教会の音楽指導者と丁寧に相談をして選ぶべきである。会衆が歌うことは奨励されるべきである。感傷的な独唱や、聖歌隊による奉唱は、奨められるべきではない。世俗曲は、花嫁と花婿から要望が出たとすれば、礼拝以外の時に用いられるべきである。結婚式の計画と指導に関する一般的な方針としては、会衆が守る他の礼拝に適用されているのと同じ基準とガイドラインを用いるべきである。

　合同メソジスト教会の新しい『キリスト教の結婚の礼拝（*Service of Christian Marriage*）』の中で示されている、最初から最後までの項目を含んだ礼拝順序、すなわち礼拝のパターンは次の通りである。

参　集
　入　堂
　意志と同意の宣言
　家族・会衆による応答

言葉による宣教
　祈　祷
　聖書と賛美
　説　教
　執り成しの祈り

結婚の誓約
　二人による誓約
　指輪の祝福と交換
　結婚の宣言
　二人の関係者・参列者による応答

感　謝（三つの選択肢）
　感謝と主の祈り
　聖餐式
　アガペー・ミール（愛餐）

祝福による散会
　祝福と平和の祈りによる散会

　この礼拝の流れは、公同礼拝の完全な構成内容とほぼ同じかたちを提供すると同時に、会衆に機会を過不足なく与えるものである。この式順は、聖餐式に関してすでに述べたように、礼拝というものが、成文化された固定的なテキストというよりも、いろいろな行為から成るひとつのパターンであって、その言葉に関して言えば様々なバリエーションを許容するものであることを示唆している。

礼拝のパターンに関する若干の注記

　参集では、人々を集め、真摯に礼拝に参加させる備えとなるように、ひとつひとつのことがらを真剣に行うよう心がける。この時は、他所の地域から参加している来客と挨拶をする時間にもなるし、もし式の中でなじみのない応答の言葉が使われるのであれば、会衆が応答の練習をするのに好適な時間ともなる。**意志と同意の宣言**は礼拝に不可欠な部分であり、花嫁と花婿は結婚生活を共に送ること、自由な意志で同意したことを、集まってきた会衆に宣言する。礼拝の他の部分と共に、この宣言は印刷したフォーマルな応答の場合もあれば、あるいはよりインフォーマルな場合もある——花嫁と花婿がひとつとなる歩みへの同意と意志を、自分たちの言葉で簡単に表現する時には、二人は、彼らのクリスチャンネームかファーストネームを使う。**家族の応答**は「花嫁の引き渡し」という伝統的な形を取るかもしれない。しかしながら、二人の目指す一致に対する家族としての支えを示すためには、それぞれの家族による言葉や行為が、より適切な応答となるかもしれない。これはまた、グループとして、個人として会衆が、この結婚の行為において花嫁と花婿を支えることを公に承認するのに最適な機会でもある。

　言葉による宣教は、私たちが守ってきた結婚の多くの礼拝の中で、無視されてきた部分である。この時に、二人と会衆は結婚に関する教会の教えへと導かれ、結婚という文脈の中で読まれる福音を聞き、神の民の間に一致と交わりを作り出すところの生ける言葉を喜び祝う。礼拝のこの位置でなされるダンスや劇、音楽、祈り、詩の朗読はみな、御言葉を深く味わう方法、あるいは御言葉によって深められるものとなりうる。通常、礼拝のこの部分は、短くなされる。それによって礼拝の流れをせき止めたり、礼拝全体の時間を不必要に延ばしたりしないためである。

　結婚の誓約は実質的に結婚が行われる部分であり、婚姻の儀礼の中核である。ここで誓約が交わされる。誓約は、神の言葉に対する応答として交わされる。牧師と丁寧に相談をして作られた誓約の言葉であるならば、伝統的な誓約だけではなく、自分たちで作成した誓約の言葉を述べてもよい。ここで牧師の果たすべき務めは、結婚に関する教会の伝統的で固有な信仰内容が守られているのを確認することである。結婚に関して約束をするどんな言葉も、婚姻における貞節を生涯にわたって守ることを何も条件をつけない、シンプルな言葉で言い表されるべきである。もう一度述べるが、クリスチャン

ネームかファーストネームが使われるべきである。多くの教会では誓約の時に、一人一人、花嫁と花婿が互いに向き合って、誓約することが習慣となってきている。というのも、この厳粛な約束は牧師にではなく、お互いに向けられるからである。彼らの手は合わせられる。会衆は牧師と共に誓約の証人となる。誓約の後で指輪が用いられるなら、指輪の受け渡しの時に祝福がなされる。牧師は、結婚が成立したことを宣言する。この宣言の後、会衆あるいは二人の関係者が、結婚に対する何らかの応答を、言葉、歌、祈りなどによって行うこともある。

　感謝は、最後の感謝の祈りであり、主の祈りか聖餐式が続く。

　聖餐式は結婚を祝う非常に古くから守られている方法で、愛と一致のしるしとして特にふさわしい。二人が聖餐式のためのパンとブドウ酒の贈り物をささげてもよい。あるいは家族か結婚式の参列者の一人がこれらの贈り物をささげてもよい。最近参加した結婚式では、花嫁の母親が焼いたパンを花嫁の両親がささげて、聖餐式の場で、両親が司祭の補佐役を務めて参列者にパンを配っていた。ところで、もし聖餐式が守られるなら、花嫁と花婿だけに配餐されるべきではない。聖餐式は個人的なことがらでは決してない。それはすべて集められた神の民が受ける権利がある。合同メソジスト教会は、古代から伝わる愛餐、アガペー・ミールを、聖餐式の代わりに用いることができるという指示を与えている。これについては聖餐とアガペー・ミールを混同しかねない問題の残る指示であると私たちは感じている。結婚式の中で守られる聖餐式は、結婚の礼拝を終わらせるのに最もふさわしい方法である。こうしたやり方をするかどうかは、その教派的伝統と結婚する二人の望みに応じて、牧師と礼拝委員会、または牧師か礼拝委員会が検討した上で決めるべきであろう。

　礼拝は**散会と祝福**で終わる。礼拝終了後、もし礼拝の最中（結婚の宣言などの後）に行われていなければ、結婚に関する州の許可書、教会の証明書と登録証に、すべての関係者が証人として立ち合い、署名をする。喜ばしい雰囲気の中、退堂に続いて、礼拝に参列したすべての人は披露宴、結婚パーティー、あるいはピクニックに出席する。

　礼拝の基調は、私たちの間で行われる神の働き、すなわち私たちを隔てるすべてのことにもかかわらず、男性と女性が一緒にされたことへの喜びと感謝である。牧師は来客が礼拝で歓迎されたと感じられるように、また、礼拝

そのものだけではなく礼拝の準備も結婚における私たちの信仰内容を確かに
証言するものとなるように、できる限りのことを行う。それぞれの教会では、
礼拝委員会または典礼委員会の働きとして、結婚についての信仰内容を丁寧
に検討した上で、結婚式に向けた会衆用のまとまったガイドラインを作成す
べきである。委員会のメンバーは、結婚について二人に教えたり、結婚式の
計画を立てるために二人を支援する形で牧師を助けてもよいだろう。

　男性と女性の関係が問題を含むものとなり、人と人とがひとつになるのが
ますます困難で忍耐を要するものとなり、他の人との関わりが短期的で自己
中心的なものになることがあまりに多いこの世界において、キリスト教の結
婚は、教会が行ういろいろな式の中で、最も宣教的、福音的、信仰告白的な
式のひとつとなっている。私たちは、この式のために念入りに計画を立て、
教育し、指導することで、結婚式の挙行と祝福が私たちのただ中にある神の
愛の証言、宣言、実現の時でもあることを保証するのである。

第8章

離婚の認証

RECOGNITION OF DIVORCE

教会は、結びつけるのと同様、解くという畏れ多い力を与えられてきた。教会は人々を結びつけるだけではなくて、時には人と人との間で起こる別離を認証し祈るために存在している。私たちは教会の礼拝を通して、片やすべての人がキリストにあってひとつとなる理想の世界を求める夢と希望、片や痛みを伴う分断と別離が存在する現世をありのままに見つめる率直さとリアリズム、この二つの間を行き来する。

教会は、結婚の時に男性と女性に対して示す、力強く、大胆で、明確な言葉を持っていると私たちが信じていることが、前章において明らかにされたことと思う。しかし、痛みを伴う離婚という別離の時を切り抜けようとする仲間のキリスト者に対して言葉をかける際も、教会は同じように大胆で現実的であるべきであると私たちは堅く信じている。

これは結婚を祝福したように、「離婚を祝福」することを意味しているのではない。というのも、教会の権威のもとで、約束の破棄と離別を「祝福する」ことは道理に適ったことではないと信じるからである。

私たちが言いたいことは、教会は人生において結婚の破綻という深い痛みに触れている人々に向かって語るのにふさわしい、聖書に基づいた牧会的な言葉を持っているということである。最も悲劇的なことは、教会が何も語らないことであろう。

過去十年、合衆国における離婚率は二倍となった。私たちの間で離婚のトラウマを経験している人々と接するにあたって、教会には二つの選択肢があるように思われる。ひとつには、離婚は赦すことのできない罪、あるいは赦

免しがたい違反と断定し、離婚を選択する人は全員、陪餐停止にするという選択肢である。教会によっては、この選択肢を既に試みた。そのようにして、結婚についての私たちの立場を不変のままにとどめることができる。これによって教会は、離婚した人々が教会に問うであろう罪責の問題、離婚の妥当性、他の選択肢の問題、そして共同体の責任といった当惑するような諸問題のすべてに直接関わることから遠ざかることになる。しかし、離婚に対するそのようなアプローチは、離婚した人々に対する非人道的な取り扱いとも言うべきものへと教会を導くのみならず、ある種の不安定な聖書的神学的基盤の上に私たちを置くことになる。最も早い時期に書かれた福音書において（マルコ 10・11–12）離婚はイエスによってはっきりと非難されてはいるが、イエスは離婚が赦しがたい違反であると言っているわけではない。イエスが離婚を非難する言葉は、他の多くの罪を非難する言葉と、強さの点では大きく違うものではない。マルコ福音書より後に書かれた福音書（マタイ 19・4–9、ルカ 16・18）は、離婚を明らかに非難しているが、情状酌量の余地を認めているように思われる。パウロが離婚に関するイエスの戒めを繰り返す際に（Ⅰコリント 7・15）、彼はそこにさらに情状酌量の余地のある状況を加えている。

　言い換えれば、離婚はイエスによって非難され、教会は離婚に対するイエスの強い言葉を堅持しようとしてきたが、教会の初期の頃から、離婚が必要であるような情状酌量の余地のある状況を考慮し、特定の人と特定の状況に対処しようとしたのである。

　こうしたことのすべては、もし離婚が赦しがたい罪でないとすれば、教会はこの問題を扱うにあたって第二の有力な選択肢を持つということを告げている。すなわち私たちはこの問題に対して、他のあらゆる個人の罪や共同の罪を扱うのと同じように、創造的に、細やかに、共同的に、そして恵みのうちに対処することができるのである。これがこの章で離婚について議論する際の視座となる。

　教会は結婚の結びつきを断ち切るキリスト者をいつも抱えてきたが、この断絶を礼拝という形で扱う方法は生み出してこなかった。それゆえ、私たちには離婚の礼拝のモデルはなく、歴史的先例もない。この本の最初から記してきているように、礼拝の持つ力の一部は同一性であり、過去の伝統との継続であり、伝統を保存するという本来備わっている保守的性質であるため、

この問題に関して私たちは困った立場に追い込まれることになる。

しかし、この本を著す理由のひとつは、長きにわたる歴史の中で、教会がかつて考えもしなかった方法で礼拝について検討を加えなければならない事態に初めて直面しているからなのである。私たちは、歴史上、教会がまれにしか行ってこなかったことを果たさなければならない。すなわち新しい礼拝を作り出すことである。

かつて教会が礼拝生活について再考し、それを再形成しなければならなかった状況において、その原因となったのは、たいていの場合、そうした礼拝が行われていた文化や世界に何らかの根本的変化が生じたからであった。

たとえば、宗教改革が起こったのは人々の神学が変わったからだけではなく、人々の文化が変わったためでもある。印刷技術の発明、近代科学の興隆、経済、言語、国民国家、そして他の諸要素が、私たちの礼拝生活を根本から調整し直す必要を満たすために貢献した。古い儀式の多くが、もはや役に立たなくなったのである。教会は礼拝についてもっと意図的に関わるべきだったのであり、礼拝で実践されていることと実践されていないことについてもっと反省的かつ意識的であるべきだったのである。まさにそれによって、祈りの生活を改革し信仰上の新たな強調点と人々の新たなニーズが出会うようにするために！

現代社会の激変、変わりつつある社会秩序、思想と芸術における変遷、信仰理解で新たなもの、あるいは再興されたものがある中で、もう一度、教会はどのように祈るかについてより意図的に関与しなければならない。礼拝する時に私たちが何をしているか、何をしていないかを、注意深く検証すべきである。

離婚率が過去十年でうなぎ上りになっていて、ある所では新たな結婚の数と同数の離婚が起こる社会の中で、教会はこの深い痛みを経験する人々に配慮するために何を行っているかを、自身に問う必要がある。彼らに対する神の言葉とは何か。私たちに対する神の言葉とは何か。それらの問いから、離婚に対する礼拝的な応答を構築する試みが生まれてくるであろう。

私たちは、離婚を扱う公式な、あるいは非公式な礼拝の形式を持たないので、離婚に関する和解の礼拝について試案を分かち合いたい。それは離婚の礼拝形式のモデルとなりうるもので、礼拝を通してなされる、人間の特定の求めに対する牧会の試みである。この後で紹介する式文を、理想的なモデル

としてではなく、離婚の礼拝式に関してあなたの教会が取り組む際の例として受けとめてほしいと思う。

　この礼拝式文は、私たちが作成したものではない。これはミズーリ州の聖公会司祭であるデヴィッド・H. ベンソン（David H. Benson）牧師と、ニューヨークの心理療法士であるシェリル・H. エイシル（Sherrill H. Acyl）によって考案された。ここで提案された式文のいくつかの箇所は、私たちなら別のやり方をするかもしれないが、この差し迫った牧会的必要に取り組むために責任を持って応える試みとして紹介する。

　初めに、著者たちはこれを「離婚の認証」と呼んでいることを記しておく。これは離婚の祝福やお祝いや告知、あるいは成立ではない。むしろ、教会員の二人が、彼らの結婚の結びつきを解消したことを、教会が率直に認証する式である。この式は、離婚を経験した人々によって、作り上げられてきた。

離婚の認証のための礼拝

開会の言葉（司祭）
「だから、キリストと結ばれる人はだれでも、新しく創造された者なのです。古いものは過ぎ去り、新しいものが生じた。これらはすべて神から出ることであって、神は、キリストを通してわたしたちを御自分と和解させ、また、和解のために奉仕する任務をわたしたちにお授けになりました」（Ⅱコリント 5・17–18）

　皆さん、私たちは神の前に、婚姻の終結（death）を認証するために、共に集まりました。この終結において今感じている痛み、怒り、罪責、そして孤独を、私たちは神の前にささげ、神の憐れみと贖いを求めます。

　しかし、神の恵みによって、終結（death）は終わりではなく、新しい生へのよみがえりの始まりであることを宣言するために、私たちはまた、この場にいるのです。

　主イエス・キリストの死と復活において、神は死のある所に復活をもたらすことのできるお方として、また私たちの罪を赦し、生の新しさへと私たちを召し出されるお方として、ご自身を私たちにお示しになられ

ました。

　キリストにあって互いにこの教会のメンバーである私たちは、自らのものである死と復活、罪深さと赦しに対する証人です。

　しかし、互いにこの教会のメンバーとして、私たちは証人を超えた存在となるべく召し出されています。私たちは、和解の共同体となるために召し出され、その中で新しさが養われます。私たちが○○○○と○○○○の婚姻に関して二人の関係を育み支えるように求められていたように、今度は関係の終結を私たちに彼／彼女が宣言し、新たな人生を私たちの間で始めるにあたって、私たち自身が○○○○（と○○○○）を育み支えるために関わります。

　全能なる神に対して、個人として、また共同体として、古き生活の中で犯した私たちの罪を告白しましょう。もし、私たちが罪を告白するなら、神は真実で正しくその罪を赦してくださることを心に留めながら。

離婚した人（たち）の告白
私は全能の神と、キリストの体の中における私の兄弟姉妹とに、思いと言葉と行いにおける過ちによって、罪を犯したことを告白します。特に、○○○○と私たちの子ども（たち）に罪を犯しました。私の罪が私たちの婚姻の終結を引き起こしたことを認め、全能の神が私に憐れみを与え、すべての罪を赦してくださるように祈ります。

罪の中にある共同体の全体としての告白
私たちは今、○○○○と○○○○とその子ども（たち）が別れを経験した共同体を代表してここにいます。彼らの婚姻において二人をしっかりと支えるために力の限りを尽くさなかったことを、今ここに告白します。私たちはしばしば彼らの求めに無関心であり目を閉じてきましたし、私たちの求めと彼らの求めを取り違えてきました。全能の神が私たちを憐れみ罪を赦してくださるように祈ります。

赦　し
全能の神があなたがたを憐れみ、私たちの主イエス・キリストによってあなたがたのすべての罪を赦し、すべて良きものにおいてあなたがたを

強め、聖霊の力により永遠の命のうちにあなたがたを保ってくださるように。**アーメン。**

聖書朗読

　旧約聖書　イザヤ書 43 章 18–21（25）節

　　　　　　ミカ書 4 章 6b–7 節

　　　　　　ホセア書 11 章 8–11a 節

　詩　編　103 編あるいは 116 編

　福音書　マタイ 7 章 7–11 節

　　　　　　マタイ 5 章 3–10 節

　　　　　　ヨハネ 15 章 1–5 節

説　教

宣　言（司祭による質問）
○○○○（と○○○○）、あなたはもはや聖なる婚姻の状態のうちに生きるのではないことを、ここに集まった私たちの前で、今、宣言しますか？

　答　私（たち）は宣言します。

○○○○、あなたは今までの結婚生活において○○○○によってあなたに犯された罪を、自由な思いから赦しますか？

　答　神の助けによってその罪を赦します。

（両者が参加をしている場合には、この質問と答えを、もう一人に対しても繰り返す。）

あなたは、神の子でありキリストにある兄弟（姉妹）として○○○○に引き続き配慮することを志しますか？

答　神の助けによって志します。

［代案1　上記の質問と答えに代えて
あなたがたは、今日から先、神の子でありキリストにある兄弟（姉妹）
として○○○○に引き続き配慮しながらも、思いと体と霊において二人
の間のいかなる結びつきも完全に放棄しますか。

答　神の助けを求めて、志します。

あなたは、親子関係は切れないことを心に留め、子ども（たち）の幸せ
を求めて○○○○と相互の責任を分かち合うことを志しますか。

答　それが私の意図することであり、その目的を果たすために神の助け
を求めます。］

［代案2　前述の質問と答えに付け加えて（司祭は会衆に質問する）
これらの宣言の証人であるあなたがたは、あなたがたに対する約束から、
この人（たち）を解き放ち、婚姻を継続する期待から彼／彼女（彼ら）
を解き放ちますか？

答　私たちは、結婚の誓約において神と共同体の前でなした約束から、
あなた（がた）を解き放ち、神に愛されている単身者としてあなた（が
た）と関わります。］

祈　祷
平和のうちに主に祈りましょう。

神の教会の平和と一致のために祈ります。真理と愛に満たされ、あなた
の来られる日に過ちなき者と認められますように。
主よ、お聞きください。

婚姻の終結により苦しむ○○○○と○○○○のために祈ります。彼らが

あなたの新しさを受け入れ、あなたの平和と自由によって祝福されます
ように。
主よ、お聞きください。

彼らの子ども（たち）のために祈ります。彼／彼女（彼ら）が両親の愛
を知り続けて、特に天の父の愛を知ることができますように。彼女／彼
（彼ら）があなたの与える新しさに与れますように。
主よ、お聞きください。

今までこの結婚関係を力づけ支えてきた人々のために祈ります。ここに
集う者と集うことのできない者がいますが、今、新たな生活を支えよう
としています。
主よ、お聞きください。

この別離を、今、受けとめきれない人たちのために祈ります。あなたの
癒しと平和がありますように。
主よ、お聞きください。

私たちの未来に向けて不安を抱える中で、私たちがあなたに確かな信頼
を持ち続けられますように。
主よ、お聞きください。

新たな責任を引き受けるために恵みを求めます。他者の中であなたに仕
え、あなたが私たちを愛されるように、彼らを愛することができますよ
うに。
主よ、お聞きください。

聖人との交わりにおいて、私たち自身とお互いを、私たちの神であるキ
リストに委ねましょう。
主よ、私たち自身を、あなたに委ねます。

集　祷（THE COLLECT）

主なる私たちの神よ、あなたの民の熱心な祈りを受け入れてください。あなたの溢れるばかりの憐れみにおいて、助けを求めてあなたに立ち帰る私たちとすべての人たちを、慈愛をもって見守ってください。あなたは恵み深くおられますから、魂を愛される方よ、あなたに栄光と賛美と感謝をささげます。父と子と聖霊によって、今も、また永遠に。アーメン。

認証と確認（司祭と会衆）
○○○○（と○○○○）、あなたがたの結婚を祝福した教会を代表して、私たちはその結婚の終結を今、認証します。あなた（がた）が私たちの間で単身者であることを確認し、信仰においてあなた（がた）が始めた新たな人生のために神の助けと導きを求め続けるにあたって、私たちはあなた（がた）を支えることを約束します。

平和の挨拶
主の平和がいつもあなたがたと共にありますように。
またあなたと共に。

（もし聖餐式が続く場合は**奉献**）

聖餐式

祝　福
父なる神と、子なる神と、聖霊なる神の祝福が、今日もまたいつもあなたがたと共にありますように。

散　会
聖霊の力のうちに喜びつつ、この世へと出て行きましょう。

応　答
神に感謝。

信仰教育と離婚

　牧会あるいは信仰教育において、離婚に関する課題ほど避けられてきたものはない。結婚は時に終わりを迎えるが、キリスト者のパートナーと彼らの子どもたちは残る。その人たちを配慮し、彼らの必要に対する牧会の務めを果たしたいと望むなら、離婚のための信仰教育が必要となるであろう。もちろん、私たちは離婚を奨励するような信仰教育のプログラムを推薦しているのではない。むしろ、離婚に関する神学的、道徳的、心理学的、社会的な諸課題を、教会全体や、子どもたち、青年、そして大人が理解する助けとなる信仰教育のプログラムを推薦しているのである。そうすることで、離婚を経験したか、あるいは離婚を考えている人々や家族に対して、教会はより良い牧会を行うことになるであろう。

離婚の礼拝の際の信仰教育

　私たちは、先ほど離婚の礼拝に対する必要性について論じたが、その式は結婚の契約を破棄した人たちを和解させ、癒しと成長が起こるであろうキリストの共同体の中に再び組み入れるものである。そのような礼拝はまだ存在しないので、信仰教育の諸基準を提案するのは難しい。しかし、もしそのような礼拝が作り出されるべきであるなら、今あると思われる信仰教育の諸要素について考える必要がある。その点に関して、離別にまつわる赦しと癒しについて与えられた神の約束に焦点を置いた、いくつかの聖書箇所を示しておく。それは次の箇所である。イザヤ書 43 章 18–21, 25 節、ミカ書 4 章 6b–7 節、ホセア書 11 章 8–11a 節、詩編 103 編と 116 編、マタイ 5 章 3–10 節、マタイ 7 章 7–11 節、そしてヨハネ 15 章 1–5 節である。離婚の礼拝の中で、これらの聖書箇所をめぐる説教は、重要な信仰教育の要素となるであろう。

離婚に向けた信仰教育

　よくあることだが、結婚したカップルのほとんどは、彼らの人生のある時点で、結婚の継続が難しい状態にあることに気づくものである。あるカップルにとっては、これらの困難な状態が深刻となり、後にもう一度やり直す可能性を残しながら別居するという時期に入ることがある。しかし、結婚の契約を破棄するという困難で痛みを伴う決断を下し、離婚が成立するまで待つという困難な時期を過ごすケースもある。

　これら三つのケースのいずれにおいてもカウンセリングが必要であり、重要な意味を持つことになる。当事者たちは彼ら彼女らの傷、怒り、罪責感などの感情を取り扱うのに助けが必要となる。いくつかの結婚は癒されて、当事者たちは結婚の契約を再承認したいと願うであろう。他の場合には別離で終わるであろう。いずれにせよ、カウンセリングと並行して、信仰教育は重要な役割を演じうる。重要なこととして、信仰教育は二人に対してだけではなく、彼らの子どもたち、最も近い友人たち、そして彼らの葛藤によって影響された人たちに対しても、行うことを考慮する必要があろう。

　第一に、信仰教育は和解と破れの癒しに焦点を当てなければならない。第二に、それは人々が神の子としての自らの価値を発見する助けとなる必要がある。第三に、この困難な時期だからこそ可能となる特別な学びと恵みを、彼らが発見する助けとなる必要がある。第四に、彼らは個人の霊的な旅に焦点を置き、神が彼らを導こうとする場所を識別できるようになるための助けを必要としている。最後に、彼らは祈りの生活において成長するために、手を差し伸べられる必要がある。彼らの人生の中で、祈りと黙想に関する資料がより多く必要となる時は、この先わずかしかない。

　多くの離婚の信仰教育は、離婚した人と、離婚した両親の子どもたちが、福音の光に照らして、彼らに固有のニーズに取り組む機会を提供する必要がある。

離婚の認証に関するルブリク

　礼拝学的に言うならば、試験的に提示される「離婚の認証に関する礼拝」に最も類似した式は、悔悛者（a penitent）の和解に関する教会の礼拝である。この特徴ある実験的な式は「終わりを告げた結婚」に関して死と嘆きの言葉を用いて語っているのだが、他方、私たち自身があえてこの式を取り上げたいと思うのは、この式が（それが私的なものであれ公的なものであれ）罪の実在について大胆に言明すること、また同じく恵みの確かさについて大胆に言明することに、より明確な関心を寄せているからである。ある意味で、それゆえに、私たちはこの礼拝を「悔悛者の和解のための礼拝を特定の課題に適用した式」と見なすこともできるだろう（第 13 章を参照）。離婚を公的に認証する式が必要とされるのは、離婚という出来事が独特の状況であり、そこ

には多くの人々の思いや関与、子どもや両親、そして諸々の感情やいくつもの関係性が含まれているからである。結婚は関わりに対する責任を公に引き受ける行為であると共に、関わりに関する公的な宣言でもあった。それゆえに、離婚の認証は、多少なりともその関わりを終結する際の公的な認証が何らかの形で含まれなければならない。結婚の成立においても、その解消においても、私たちは皆、役割を担うのである。

　どのような礼拝の形式が離婚に対して取られるのかを決定するにあたって、牧会的配慮に基づいた決定がなされなければならない。離婚した、あるいは離婚しようとする人たちと接する時、私たちは神学的、牧会的な綱渡りをする。一方では、結婚とその契約に関する教会の価値について正直で忠実でありたい。他方では、理由は何であれ、結婚の契約を維持できない人々への教会の配慮と思いやりについて、私たちは共感的、福音宣教的でありたいと望んでいる。もし、この礼拝に二人そろって出席することができなければ、人生を進めるために離婚という出来事に決着をつけたいと願っている人に、悔悛者の和解のための礼拝に参加することを勧めることができるだろう。

　本書で扱った離婚の認証をめぐる考えは、会衆が問題を避けることなく考えるように招く意図をもって提案されている。なぜならば、教会が危機に直面している人々を牧会するにあたって、会衆が口を閉ざしたままでいるというのは、ある種の問題に関して言えば、決して良い結果につながらないと思われるからである。離婚の時に私たちがなすべき務めは、愛において真実を語り、福音とその戒めに真実であることであって、それこそがまさに愛そのものなのである。

第9章

子どもの誕生あるいは養子縁組の感謝

Thanksgiving for the Birth or Adoption of a Child

人生の中で与えられる神の贈り物は数多くあるが、子どもにまさる神の贈り物はないと言ってよいだろう。福音書の物語は一人の子どもから始まっていて、その子は神の恵みと臨在のしるしとなる聖なる子どもである。乳飲み子イエスだけではなくて、どの幼子もみな、神の恵みと臨在——神が肉において私たちと共におられること——のしるしである。

とは言え、私たちの人生において与えられる祝福の中で、子どもという贈り物ほど大きな荷物となるものはわずかしかない。子どもたちは、私たちに対して忍耐、時間、勇気、知恵、そして信頼に足る者であることを要求する。「子どもの誕生あるいは養子縁組の感謝」に際して、教会は子どもの両親と共に、贈り物として与えられた子どものゆえに神を賛美し、この子どもの養育とケアにおいて神の恵みを願い求める。

この式は、私たちの間に新たな命が到来したことを祝う公の時として大切である。この儀式は、結婚をしているカップルが親となる召命を受け入れるように移行することを意味している。同時に、教会が新たに生まれた子どもをケアし支えるだけではなく、親になりたての二人をケアし支えるという形で関与することをも意味する。

もし、第1章で勧めたように、私たちが幼児洗礼に向けた両親のための準備を真剣に考えるなら、「子どもの誕生あるいは養子縁組の感謝」は、洗礼前の信仰教育の内容と形式について、両親と話し合いを始める良い機会を教会に提供することになる。子どもが生まれたり、養子縁組を行ったりした時に公に感謝をささげることによって、両親にとっては、子どものキリスト教

入信儀礼を、洗礼前の信仰教育を終えるまで延期することが容易になるだろう。

　養子縁組の場合、子どもを迎え入れる感謝はより重要となる。養子の場合、長い妊娠期間や準備の期間が一般的にないので、両親と共同体はこの子どもを公に受け入れ、その子どもが信仰の家族の一員であると宣言する機会が必要となる。時として養子となった子は既に洗礼を受けているかもしれないが、その場合に感謝は二重に重要となる。

　1979年版の『祈祷書』には「子どもの誕生あるいは養子縁組の感謝」の式文が載っている。その形式は次の通りである。

1. **始めの言葉**。新たに生まれた子どもの両親、兄弟、姉妹、そしてその子のクリスチャンネームを使いながら、感謝をささげる時に述べる。

2. **感謝**。マニフィカート（マリアの賛歌）、詩編116編、詩編23編、あるいは感謝にふさわしいその他の言葉を交互に読んでもよい。

3. **祈りと祝福**。新生児とその両親と家族のための祈り。子どもに対するケアに参与する教会のための祈り、家族の前で告げられる祝福。祈りの間、家族は自分たちの言葉で、子どもが与えられたことへの感謝を言い表すように願い出ることができる。

4. **平和の挨拶**。友人と家族が、互いに平和の挨拶を交わす機会。

　他の場合と同様に、礼拝の形式と内容は、礼拝の特定の内容と参加者にふさわしいものを採用してよい。

　『礼拝書』にある「子どもの誕生あるいは養子縁組の感謝の式順」は、多少は単純化されているが、だいたい同じ順序となっている。それはまた、子どもの誕生と養子縁組に関わる様々な状況に対する執り成しの祈りを含んでいる。

信仰教育と親の務め

　キリスト者の親の務めについての信仰教育は、一般にはほとんど知られていない。誰もが良い親になれて、子どもの養育は自然にできるものであるかのように、私たちは見なしている。しかし、特に男性と女性の役割が変化している今日にあっては、養育が自然にできるものとは言いきれないのである。たとえば、男性が子どもを育てるのは、何も異常なことはないが、男性はこの役を担うのに特別な援助が必要となるであろう。というのは、彼らは模範

とするモデルがあまりに少ないからである。子どもの誕生あるいは養子縁組の後で子どもを育てるための信仰教育を受けるのは、遅すぎることはないが、より早い段階で私たちが準備すれば、確実に助けとなるであろう。

　男性と女性の間での役割分担は変わり続けるであろう。女性は伝統的に子どもの世話をしてきたが、男性も同じ世話の仕方を身につけたいと願うことが可能であり、またそう願うようになることだろう。私たちは男性と女性の両方のために、青年期から始める親の務めに関する信仰教育を作り出す必要がある。キリスト者の親の諸義務と、子どもの発達に応じた霊的な求めについて学ぶ必要がある。もし子どもをもうけることと子どもを養育することがキリスト者の結婚の中に含まれる二つのことがらであるなら、人々が結婚を決断する前に親となることを理解するように援助する必要がある。子どもたちは教会に委ねられ、すべてのキリスト者は子どもに対してキリスト者として養育する責任を分かち合っているので、子どもの養育に関する信仰教育は、信仰共同体のすべてのメンバーに行われる必要がある。

親の務めに向けた信仰教育

　養子縁組が最終的に決まる前や妊娠中の期間は信仰教育に適した時期である。人々は、九か月の間、子どもの肉体的な必要に応える準備を学ぶために、しばしば〔病院や助産院の〕クラスに通う。これと同じように、子どもの霊的な必要に応える準備をするためにカップルが〔教会の〕クラスに通うのを期待するのは過ぎたことであろうか。さらに、家族の中の他の子どもたちもまた、彼らの家族に加わる子どもの存在に備えて準備をする必要がある。

　私たちが主張したいことは、子どもの誕生や養子縁組の祝福はそれらの出来事の直後に行うこと、そしてこの時点から、生後一年以内に行われることになるであろう子どもの洗礼に備え、その両親に対して洗礼に関する信仰教育を始めることである。この場合、しかしながら、最初の歓迎の式に先立って、洗礼の信仰教育の前段階として、追加の信仰教育を行うように私たちは推奨している。

　この場合の信仰教育は、両親の霊的な健康に焦点が当てられ、彼ら自身の祈りの生活を深めるための機会と見なされる必要がある。それはまた、彼らの子どもの命名について思いめぐらす時であり、命名以上に重要なことはほとんどないのである。たとえば、私たちの子どもにとっての仲間として、友

として、そしてロールモデルとして、聖書の中のどの人物、あるいは聖人を選ぶのだろうか。もし私たちに何かがあったら、キリスト者として子どもが成長するための養育を誰に託したいのか。この期間、私たちは両親が子どもに話を聞かせたり歌を歌ったりする仕方を身につけるための具体的な援助をすることもできるだろう。それと共に私たちは、最初の数年間に両親が彼らの信仰を子どもたちに伝えるのに役立つようないろいろな材料を集める手助けを行うこともできる。

子どもの誕生あるいは養子縁組の感謝に関するルブリク

　感謝の式は、子どもの誕生、あるいは養子縁組によって子どもを受け入れた後、できるだけ早く行うべきである。この式はいつもの日曜日の礼拝の中で、通常は聖餐式の際の平和の挨拶の前に行うべきである。両親と家族は会衆の前でどこか目立つ場所に立つ。病院や家庭では、短い形式の礼拝が守られてもよい。この場合、少なくとも教会の中から何人かの指名された代表にその礼拝に出席してもらうのが最もよい。

　礼拝の中で、両親と他の家族の者が、子どもが与えられたことへの感謝を、自分の言葉で述べる機会が与えられるべきである。その礼拝において、やがて受ける幼児洗礼と、この時に始まる洗礼前の信仰教育について、多少なりとも触れておくべきである。

第10章

引越しと新居の祝福

MOVING AND THE BLESSING OF A NEW HOME

私たちは移動している民、巡礼の民、流浪の民である。統計によると、平均的なアメリカ人の家族は 3.2 年ごとに引越しをしている。人々が引越しをするのはキャリアを求め昇進するためであるか、または家を売って高齢者施設に入居する時、離婚をした時や結婚生活を共にしてきた伴侶が亡くなった時、あるいは大学に進学するために家を離れる時であり、他にも多くの移動の時がある。

　ある場所からの引越しに際しては、親しい友人や見慣れた顔ぶれ、慣れ親しんだ場所、以前からの生活の流れに、別れの挨拶を述べることが求められる。引越しは死と似たものとなることがある。実際に、何組かの中年の夫婦に最近インタビューしたところによると、引越しは、夫婦が直面した中で、親しい友人や親戚が亡くなった時に次いで二番目にストレスの大きい経験となっている。引越しはまた、それに伴って新たな生活、新たな友人や顔ぶれ、新たな生活の流れをもたらす。生活は引越しという大きな変化の故に、より良いものへと変わる可能性がある。引越しは再生と似たものとなりうるのである。

引越しのための礼拝

　教会は人々の引越しをどのように手伝うのか、また教会のメンバーに対していかに歓迎の挨拶と別れの挨拶を交わすのか。教会はそこにより注意を向けるべきである、ということが私たちの主張するところである。過去に

は、たいていのキリスト者は一つの教会の中で生まれ、洗礼を受け、養育され、結婚し、生活をし、そして埋葬された。そのように定住をしていた時には、共同体は、私たちが今日考えなければならないようないくつかのことがらについて考える必要などなかった。このため、ある場所から別の場所への引越しに関する、詳細に定められた公の礼拝は、私たちには伝えられていない。新居の祝福という、ほとんど使われていない礼拝だけは存在するが。

　引越しに関する礼拝のモデルは、今までの章で議論したような、典型的な通過儀礼であろう。私たちは、ひとつのところから別のところへと引越しをすることで引き起こされる人間的な危機について述べている。それゆえに、引越しに際しての適切な礼拝は、分離、移行、加入の要素を含まなければならない。その礼拝のイメージとしては、通常、以下のような項目を備えたものになると考えられる。

- **宣言**。引越しをするのが誰で、何故引越しをするのかについての説明。
- **思い出の分かち合い**。今までの歩みの分かち合い。この場所とここで経験したことをめぐって記憶の引き出しにあるいくつかの出来事や、この場所と人々が、この場所にいる人たちにとって持ってきた意味を明らかにする機会。
- **告知**。聖書の言葉と、短い黙想、あるいは、この引越しが持つ聖書的、神学的意味についての説教。キリスト者として別れ、あるいは歓迎の挨拶を送る意味についての省察、引越しをする人にとってこの挨拶が持つ意味についての省察。
- **応答**。この引越しの時に告げられた言葉の意味することに対して、人々が応答する機会、公の送別の言葉。
- **祝福と派遣**。共同体は神の祝福を参加者の上に、特に他の場所へと今、移ろうとしている人たちの上に与える。ある意味において、これが引越しの礼拝の中心である。この祝福は、たとえその人が私たちから物理的に離れてしまっても、その人を神の愛と配慮に委ねるという、古くから行われてきた行為である。「あなたがたが私たちを離れるに当たっても、神が共にいてくださる」というメッセージが、その核心である。

　引越しに関する礼拝の具体的形式と内容は、引越しの状況と参加者によって決まるであろう。理想的には、そのような礼拝は、全共同体に参加の機会が与えられている朝の礼拝の中で、全共同体の出席と支えと共に執り行われ

るべきであろう。送別の聖餐式は祝福と派遣を伴って守られ、礼拝は終わる。

新居の祝福

　教会のごく初期に、教会は場所と建物の祝福や奉献の式が有益なものであることを発見した。異教の習慣には、家を聖別したり、家の保護と祝福のために家を守る神を招き入れるということが含まれていた。私たちの家は、家族を通して基本的で最も豊かな形成力を持った、神と神の愛の経験を与えられる場所である。私たちの家は、慰め、安全、安心、逃れ場、成長、相互依存、そして自己贈与の場を表している。おそらく、そのゆえにピューリタンたちは、家族と家を「小さな教会」あるいは「教会の中の教会」と呼んだのである。

　私たちの中で、ひとつの家からもうひとつの家へと引越しをした人たちが知ることになるのは、家を変えることは、たんに住所を変える以上の出来事であるということである。私たちは共に過ごす家族生活のために、まったく新しい文脈へと引越すことになる。新居への引越しが、家族が亡くなったため、あるは介護施設に移ることを求められるほど健康を害したため、あるいは離婚の結果として起きたのであれば、この引越しは特に深い傷を残すものとなることがある。家族生活と神の臨在のための新しい場所であることを求めて、新居を祝福することで、この移行期をたんに過去との痛みを伴う決別という以上に、再生と生まれ変わりの時とするように、引越しをした家族や人を教会は助けることができる。

　「新居の祝福」のための礼拝（『諸行事のための礼拝書』*The Book of Occasional Services,* The Church Hymnal Corporation, 1979, p.131 以下）は家の祝福のために適した礼拝である。『礼拝書』の610ページから612ページに掲げられた式文もまた、この目的のためによく整えられた礼拝である。一般的に、新居の祝福のための礼拝は、家の中で集まる目的についての説明、ふさわしい聖句（たとえば、創世記18・1–8、Ⅲヨハネ1–6a, 11, 13–15、ヨハネ11・5、12・1–3）、聖餐式、そしてそれぞれの部屋で行われるであろう家族生活の様々なあり方のために、家の中にあるひとつひとつの部屋で唱えられる様々な祈りを含むべきである。礼拝は最後の祝福をもって終え、来客のための食事やレセプションがこれに続いてもよい。

　私たちが祝福するのは家そのものというより、家という建物の中で形成される家庭なのである。家庭を祝福することによって、この場所が神の場所であることを私たちは公に宣言する。それは、ここで暮らす人々にとって重要な霊的結果を伴う聖なる務めである。私たちは、ありふれた日々の生活のただ中に、神の臨在を祈り求めるのである。

信仰教育、引越し、家の祝福

　引越しは多くの人々にとって、生活のひとつの在り方となっているが、私たちの生活にとって破壊的な力を持つこともある。地理的な移動が望ましいと思われる時でも、不安を生じるものである。同じように新しい家に引越しをすることは驚くような病的な感情を引き起こすことがある。キリスト者は巡礼の民となるように召されているかもしれないが、私たちのうちには場所や建物に執着する何かがある。引越しに際して意味のある礼拝が形作られるために、引越しについての信仰教育、その神学的意味と心理学的効果が探求され議論される必要があろう。さらに言えば、新しい家の祝福の式と並んで、エピファニーとイースターの日にすべての家を祝福するために行う式が存在するのだが、これらの礼拝の存在とその内容をほとんどの人が知らない。信仰教育を通してそうした礼拝の必要性について認識と理解を深めることは重要である。

信仰教育と引越し──家の祝福

　地理的な移動や新しい家への引越しの準備をするに際して行われる信仰教育は、その特定の人物や家族の信仰内容、態度や振る舞いを踏まえて、彼らが何を必要としているかを探り求めるべきである。子どもたちが引越しと向き合えるように、両親に対して援助が必要とされるであろう。それはまた、その家族の霊的生活を支援する時でもある。

　引越しの準備は、人々が彼らの霊的生活について振り返り、神が彼らを何に召しているのかを識別するのに良い時である。信仰教育は人々が生活の中で与えられる聖霊における召命と、彼らが入って行く新しい文脈の中で神が召している宣教の務めをより良く理解するように助けることができる。それは意識を省みるための時であり、彼らの生活の中にある神の恵みに気づくための時、そして霊的変革のための時である。

　引越しの準備は、人々が教会生活を振り返る良い時でもある。信仰教育は教会の使命と宣教について、また教会の中での彼らの召命と、彼らが巡礼の次の段階において自分を成長させることになる信仰共同体における召命について、家族がより良く理解するのを助けることができる。この点に関して、信仰教育は、家族が引越しをする前に出席可能な教会を調べる手助けをすることができ、それによって彼らは教会を探す手間が省け、引越しの最初から安定感が与えられるのである。

　信仰教育は、この時点で、人々や家族が家庭における霊的な生活について振り返る助けとなるであろう。また彼らがさらに意味を十分に理解して献身の生活を展開する助けとなることができる。さらにそれは、彼らが、彼らの信仰を表現し、高め、生き生きとさせるのに役立つ、新しい家のシンボルマークや芸術作品を考案する助けともなるだろう。

引越しに関するルブリク

　それぞれの教会は、新しいメンバーをどのように教会の中に迎えるか、注意深く検証する必要がある。一人の人の教会籍をひとつの教会から別の教会にたんに移すというのでは十分ではない。会員の在籍期間が短めで、移動する率が高い教会では、信仰教育と教会生活に新しい人を招き入れるための継続的なプログラムを持つことが重要である。

　十分に活躍するメンバーになれるように、必要な情報と支えが与えられることで、人々は新しい教会の中に入る準備をしなければならない。ここでは、教会員となるための指導、支援、親しくなるのを目的とした夕食の集い、近隣の会員によって構成されるグループなどが役に立つであろう。

　同様に、人々に送別の挨拶を送ることに、配慮しなければならない。それによって、彼らが新しい場所へとスムーズに移行するために私たちができることをするのと同時に、私たちの教会生活にとって彼らがどのような意味を持っていたかを、公に確認することができる。引越しの日に短い祈りの礼拝を持ったり、引越し直前の最後の日曜礼拝の中で、特別な別れの式を行ったり、引越し先の町にある教会に宛てて紹介状を書いたりすることは、引越しをする人に対する配慮となるであろう。もし、他の教会に紹介状が送られるなら、その人たちが前の教会でどのような役割を担ったのかについてふれ、

その教会でどのような賜物と能力を発揮したかを示すこともできよう。その手紙が、新しい教会の中で、歓迎の式において読まれることも考えられる。

新居の祝福に関するルブリク

　家の祝福は、教会がその家を神の臨在の場所として聖別すると共に、新しい家を喜び祝うことにおいて、そこに住む家族と心を合わせる時である。私たちはまた、介護施設の入居者の部屋あるいは人が住む他のいろいろな場所を祝福することを想定することができよう。

　礼拝は、家のリビングルームで、あるいは玄関の前の階段で始めることができる。礼拝者は家の中のそれぞれの部屋へと進んで行って、その部屋の中で行われる様々な家族の営みの上に、神の祝福を祈り求める。参加者が部屋から部屋へと移動する際に、この場所に神が臨在するしるしとして各部屋にキャンドルを灯してもよい。式の各部分では、家族の子どもが確実に含まれているようにしなければならない。聖餐式は家の中の食堂かリビングルームで執り行うことができよう。その際、祈祷と配餐の時に家族に司式者の補助をしてもらうようにする。

　この式の間中、神がこの世のただ中にあって私たちと出会い、日常の日々を贖い、私たちの生活を始める場所を聖なるものとしてくださることを、私たちは心に留め続けるのである。

第11章

新しい宣教の務めに向けた按手礼と祝福

ORDINATION AND CELEBRATION OF A NEW MINISTRY

すべてのキリスト者は洗礼に基づいて、世界に向けられたキリストの宣教の務めを共有することを、私たちは第1章において確認した。洗礼は根本的に「按手」のサクラメントであり、この世を神のもとへと持ち運ぶという、キリストの使命を分かち合うための賜物と委託を私たちに与える。

しかし、始めからキリストの体は、教会のメンバーの幾人かを、選び出し任命することが教会の宣教の務めを先導するために有意義であると考えていた。その務めとは教会を指導し、教化、監督すること、共同体が共有する象徴と使命に共同体の関心を集めること、そして共同体の礼拝の中で司式をすることである。これらの指導者たちは教会に対する神の贈り物として見られた。指導者不在のままに人々を放置されなかった愛の神の恵み深い贈り物である。

新約聖書の時代、教会の中での指導者の務めは、多様であったように見える。そこには「監督／ビショップ（*bishops*）」（監督者 overseers）、「執事（*deacons*）」（奉仕者 servants、管理者 stewards）、そして「長老（*presbyters*）」（長老 elders、司祭 priests）についての言及がある。同じように使徒、教師、癒しの賜物を持つ者、預言者もいる（Iコリント 12・28–30 を見よ）。教会は様々な求めに対して啓発的であると判断したいろいろな賜物を認めたが、こうした多様性の根底にあったのは二つの基本的な宣教的機能だった。それは奉仕と監督、ディアコニア *diakonia* とエピスコペ *episcope* である。「執事」は特定の会衆に責任を持つ監督（ビショップ）を補助し（三世紀まで、ビショップは一般的にひとつの会衆だけに監督の務めを担った）、会衆の中の寡婦、孤

児、そして貧しい人たちの必要に対する配慮を行ったようである。「監督（ビショップ）」は会衆の信仰教育を指導し、礼拝で説教をし、司式を行った。

　宣教の務めの第三の職制である「長老」が、この時期に現れた。最初に、長老は会衆を治める組織の中心として機能していたようであり、ユダヤ教の会堂における長老の機能とほぼ同じであった。彼らは会衆のためにビショップを選出して、会衆の議論の中で決定した。三世紀の終わりまでに、ビショップたちはいくつもの会衆を監督するようになっていき、一人一人の長老は、ビショップが以前に機能していたのとほぼ同じように機能するかたちで、ひとつの会衆の責任を持つために配置された。会衆の中で長老は、ビショップの代理と見なされた。この序列が階層的司祭制の序列につながり、最終的に、中世における按手を受けた者が担う宣教の務めの際立った特徴となったのである。長老は徐々に「司祭」として知られるようになっていった。司祭は会衆と日常的関わりを持つ按手を受けた指導者であり、その務めは監督と奉仕の役割を合わせたものであった。

　按手を受けたキリスト者、すなわち司祭はこのように、本来すべてのキリスト者が共有する祭司性の働きを担う存在である。会衆の中で司祭の果たす主な機能は、教えること（信仰教育）、説教、訓練、教導、配慮、サクラメントの執行、そして会衆の中におけるキリストの奉仕者としての在り方を象徴的に表すことによって、会衆を教化することである。それは、霊的な供給源となることである。共同体を教化することで、司祭は他のキリスト者の宣教の務めを、彼らから取り去ってはならないし、彼らの宣教の務めを司祭に引き渡してしまうのを許してはならない。司祭の役割とは、司祭の同労者であるキリスト者の兄弟姉妹すべてに対して、彼ら彼女らの宣教の務めを照らし出し、備えさせ、支援し、承認し、それに仕え、そして象徴することであって、彼らの宣教の務めを自分の肩に背負うことではない。

　礼拝学的に言えば、按手礼の儀式の目的は、教会の象徴の担い手、もしくは教会のための指導者を任命することである。按手礼を受けた者の宣教の務めは、紛れもなく教会の働きであり、それが必要なのは教会が誰かにアイデンティティの象徴を担い、照らし出してもらう必要があるからである。それによって教会の働きが、神により与えられたものになりうるのである。按手礼において、共同体は按手を受けた者に祝福を与え、この人が司祭の務め、あるいは牧会の働きに関して神から受けた召命を認識し、この人が司祭とし

ての任務を十分に果たせるように、神の賜物を祈り求める。

　司祭と同じように、または司祭よりも上手に、他の人々が祈り、説教し、教え、癒し、サクラメントを司式することができないというのではない。重要なことは、司祭がこれらの務めを行う時、彼もしくは彼女は、共同体の秩序のもとで、共同体が共有する象徴を担い、それを解釈するために、公に認められ、共同体において任命された人として、またその共同体のための象徴の担い手として、その役割を果たすという点にある。そしてこれが違いを生み出す。すなわち司祭たちの存在は、私たちすべてのものの内にある「司祭」を照らし出すために必要不可欠なものと思われるのである。

　歴史的に、按手礼は手を置く行為と祈りから構成されている。手を置くのは祝福を表現する古代からの所作であり、力と権威を与える所作である。按手礼は、司祭の権威が、司祭になりたいという当事者の意志に由来するわけでもなければ、またその人が受けた優れた訓練とか、高貴な人格的特質から来るというわけでもなく、神の教会から生じてくることを、生き生きとしたサクラメンタルなかたちで思い起こさせてくれる。

　誰であろうと司祭になりたいという個人的願いによって、司祭になれるわけではない。共同体はその人が神の召命によって司祭の務めに任じられたことを証しできることを期待するが、同時に共同体はその召命を確認したり拒んだりする権利を持っている。召命は神と神の教会から来る。手を置く行為が意味するのは、按手を必要とする宣教の務めに対するその人の召命を、教会が権威づけ祝福することである。いくつかの教会では、ビショップが按手礼の礼拝で司式を行い、他の司祭が補式をする。監督制を布かない教会では、按手を受ける人に手を置く長老たち、あるいは司祭たちの集団によって按手が施される。司祭とビショップ、あるいはどちらかの臨席とその所作は、過去の使徒たちの宣教と、按手を受けた者によって行われる教会の現在の宣教の継続性を示している。それはまた新しい司祭を長老会もしくは司祭団の一員として受け入れることを意味するが、それは彼らが教会において上位の位置にあることを示すのではなく、教会によって与えられた重荷を共に分かち合うものであることを示すのである。

　手を置く式に伴う祈りは、一般的に新しい司祭が群れに対する配慮と養育のために必要とする賜物と恵みを求める願いである。そのように祈ることで、按手が求める宣教の務めと技術と指導力は、究極的には教会の教化と維持の

ために神が与える賜物であることを、教会は認識する。

　標準的に言うと、按手礼全体の中心となる部分は、（すでに司祭である人が）公に手を置く行為と、（その人が宣教の務めに携わる際に、その人に聖霊が臨在し賜物が与えられることを願う）祈りである。教会の存在と積極的な参与は必要不可欠である。なぜならその参与は、按手を必要とする宣教の務めは、すべてのキリスト者が共有する宣教の務めから生じ、それによって確認されなければならず、またそれに向けて存在することのしるしだからである。最後に、教会による権威づけなしには、誰も司祭にはなれない。按手を必要とする宣教の務めは、教会の機能だからである。教会の権威の外では、按手は意味を持たない。神と教会からの「二重の呼びかけ」が按手礼の必要条件である。

新しい宣教の務めの祝福

　会衆が新しい牧師を迎える時、この新しい牧会的関係は、たんに新しい霊的な供給源と牧会の指導者の就任を祝うというすばらしい機会を提供するだけではなく、すべてのキリスト者が共有する宣教の務めをお互いに確認する機会にもなる。就任式（induction）は、会衆が司祭にもう一度按手を施すものとして見ては決してならない。むしろ、教会を通してなされるキリストの宣教の務め全体が実現するために、司祭と会衆が互いの宣教の務めに関して相互に依存することを認識すると共に、新しい宣教の務めを確認するための時である。

　その礼拝の司式は、通常、ビショップ、地区長（district superintendent）、議長、あるいはこの新たな牧会者の任命による派遣及び（あるいは）承認に責任を持つ他の公的な立場の人物によって行われる。

　礼拝は次の項目を含むべきである。

・ 礼拝の目的、司式者、そして就任する人の名前の**宣言**。
・ 就任に際して、聖書、祈祷、賛美歌、聖書の言葉に基づく聖歌（アンセム）による**告知**。聖書箇所はキリスト教宣教の務めの本質に焦点を置くべきである。適切な聖書としては次の箇所がある。ヨシュア記1章7–9節、詩編43編、ローマの信徒への手紙12章1–18節あるいはエフェソの信徒への手紙4章7, 11–16節、そしてヨハネによる福音書15章9–16節あ

るいはルカによる福音書 10 章 1–2 節である。

- 会衆による聖書の言葉に対する**応答**が、挨拶、決意の宣言、支えのしるし、特別な賛美歌あるいは聖歌（アンセム）などの形式で行われる。
- 新しい牧師の**就任**が、新たな牧師が担う義務に関する様々な象徴を提示することで行われる。これらの象徴（聖書、水の器、ストール、祈りの書、油、教会の鍵、パンとブドウ酒など）は、短くその目的について述べながら、老いも若きも含めて会衆の様々なメンバーによって持ち運ばれなければならない。会衆によって持ち運ばれたこれらの象徴的な品物は、牧会に関する宣教の務めの義務と賜物が、会衆が共有する宣教の務めから生じていることを象徴的に思い起こさせるしるしとなる。
- 礼拝の後半では**聖餐式**が新たに就任した司祭によって初めて司式される。
- 最後に、来客として参加している公式の立場にある人か、新しい牧師によって**祝福**が告げられる。

信仰教育と按手礼

あまりに長い間、私たちは職業的に宣教の務めを担う人という考え方を持ち続けて、バプテスマによってすべてのキリスト者に共有される共通した宣教の務めを無視してきた。これによって、私たちは教会におけるひとつの宣教の務めである、祭司の働きの本質と機能をも無視してきたのである。信仰教育に求められているのは、祭司は共同体の象徴の担い手であると共にその解釈者であり、神と教会によって特に目を留められ召し出された存在であって、私たち全員の中にいる真の祭司を照らし出すために存在することを、会衆が理解できるように援助することである。聖職者はサクラメンタルな存在であり、その固有の役目は「人々のもとに神をもたらす」ことであって、教会に委ねられたすべての宣教の務めを行うことではない。洗礼を受けているすべてのキリスト者が理解すべきことは、彼ら彼女らが宣教の務めに招かれていること、そうした宣教の務めに必要な備えを身に付けること、彼ら彼女らのメンバーの中で司祭としての務めを引き受けるべき人々を見出し、その人々を励ますこと、そして彼ら彼女らの司祭を助けてその宣教の務めと会衆が共有すべき宣教の務めを展開することである。

《例》

　牧師の按手礼を記念する際に行われる教会のパーティーでは、教会が担ってきた多くの宣教の働きををたたえ祝すことに重点を置き、それらの働きや新しい働きに、子どもたち、青年たち、大人たちが新たに参加できる機会を設けるとよいだろう。教会に託された数々の召命について考えていく特別なグループをこの機会に組織してもよいだろう。

按手礼の際の信仰教育

　この式の真の意義を理解するためには、新しい司祭と会衆が持つ責任を明らかにすることが重要であると同時に、この大事な出来事における説教の信仰教育的な機能を強調する必要がある。信仰教育という観点から言えば、信徒が聖職者同様に、式の中で重要な役割を担うことも大切であり、それによって彼らは、聖職者と協力して行う務めと、自分たち固有の務めとをはっきりさせるのである。

《例》

　教会の子どもたちが按手礼の時にささげる贈り物を何か作ってもよい。たとえば〔聖餐式の司式者が着る〕白いチャズブルやストールに子どもたちが手のひらで様々な色をつけたものを作ることもよいであろう。聖職者の按手に続いて、子どもたちが新しい司祭にそれを着せかけるのである。

按手礼に向けた、あるいは新しい宣教の務めを祝福する式に向けた信仰教育

　それぞれの按手礼は会衆の生活の中で中心となる出来事である。私たちは信仰教育や、子ども、青年、そして大人に向けた宣教の務めの可能性を、そのような時につい見落としてしまう。子ども、青年、そして大人は、その礼拝の準備や参与において補助の役を果たすことができる。私たちは按手礼の日を信仰教育のために用いる可能性を想定すべきであろう。

《例》

　簡単な昼食に続いて、ビショップと按手礼候補者は、礼拝堂か他の部屋で祈りのうちに備えるために席を離れる。あらゆる年齢の人たちが、賛美歌練習や按手礼式に参加するためのその他の準備を行う。按手の意味を示す映像、

芸術、活動、そして意見交換が、すべての年齢の人が参加するグループの中で、あるいはラーニングセンターで行われてもよい。

按手礼に関するルブリク

　按手礼候補者に手を置くのが、すでに受按した人々の中の誰になるか（ビショップ、司祭とビショップ、あるいは司祭だけ）ということは教会によって違いがあるが、その式における中心的行為が祈りと共に行われる手を置くという行為であることが曖昧にされることがあってはならない。幸いなことに、いくつかある新しく作られた按手の式は簡略化されているので、中心となる按手の行為は、古くから使われている按手の式の中でよりも、明確になっている。

　按手の式はまさにその本質から言って、（できれば宣教に関するテーマの）説教を含み、また新しい司祭が司式する聖餐式でしめくくられる完全なかたちの共同の礼拝である。

　礼拝は信徒の代表者が按手礼候補者を紹介することから始まり、続いて教会として候補者を歓迎する言葉を信徒が述べる。

　多くの聖職者を招いて、礼拝に参加し按手に加わってもらうのは、按手による宣教の務めが共有され、共に責任を担う性格を持つことを明らかにする行為として、ふさわしいことである。

　神の教会のために新しい司祭が生み出されるのを喜び祝う中で、すべての洗礼を受けた人々の間で共有される司祭としての務めを教会は再び思い起こす。この新しく誕生した司祭によって、私たちが互いに担うべき宣教が再び想起され、関心の中心となり、また新たに象徴されることとなる。『祈祷書』に記された按手の礼拝で、ビショップは新しい司祭に次のように言う。

　「教会は神の家族であり、キリストの体であり、そして聖霊の宮です。すべて洗礼を受けた人々は、キリストを救い主であり主として知らしめるように召し出され、この世が新たにされる働きの一端を担うように召し出されています。今、あなたは牧師、司祭、そして教師として働くように召されています。……司祭として、イエス・キリストの福音を言葉と行いによって宣言し、キリストの教えに従ってあなたの生活を整える

ことが、あなたの任務となります。あなたは、あなたが働くところで周りにいる人々を愛しその人々に仕えるべきであり、老いも若きも、強い者も弱い者も、豊かな者も貧しい者も、同じように配慮しなければなりません。あなたは説教をし、悔いる罪人に神の赦しを宣言し、神の祝福を告げ知らせ、聖なる洗礼の執行と、キリストの体と血の秘儀を執り行う責任を担い、あなたに委ねられた他の宣教の務めを実行すべきであります。あなたのなすすべてのことにおいて、あなたはキリストにある人々をその恵みの豊かさによって養い、この生と来るべき生において神をたたえるように彼らを力づけるべきです。」

第12章

引　退

RETIREMENT

日本では、男性が六十歳の誕生日〔還暦〕を迎えると、家族がパーティーを開くという習慣がある。彼は赤いちゃんちゃんこを着て、楽しく、しばしば滑稽で子どもじみた冗談や遊びに興じる。ほぼ同じ年齢となった日本の女性は、鍋、フライパン、そして他の調理道具を、家の若い女性に引き渡して、家事から解き放たれる。年を重ねた男性と女性にとって、これらの儀式は引退への道と、仕事の重荷と配慮からの喜ばしい解放を表している。

また日本人の高齢者が習慣として行っていることとして、八十歳の誕生日を祝うのに、長い旅に出たり、山に登ったりと、何か骨の折れるような、あるいは創造的な何かを行うことがある。そうすることで、彼らは人生の最後の年月は、移行と成長の日々であり、自尊心を継続する日々であることを、行為によって示すのである。

残念ながら、私たちの西洋文化では加齢と引退について、異なった見方をしている。私たちの社会で、人々は高齢になるのを誇りに思わない。引退をすると、「全盛期を過ぎた者」として、ほとんど役に立たず、無能で、価値がないといった感情にしばしばとらわれる。

引退にまつわるこれらの否定的な連想は、私たちの国でますます高齢者の占める割合が高くなっている時に、とりわけ問題を含むものである。加齢と引退という人生の危機にある人々への牧会を行うために、礼拝的に、信仰教育的に、教会は何をすることができるだろうか。

引退に対して行う礼拝的な応答の目指すところは、まず年齢を重ねる人がこの人生の道のりを福音の光のもとで解釈し、引退という出来事によって与

えられる課題と機会のために準備するのを助け、これらの人たちを価値ある存在として確認し、またその人たちのうちに、これからも続いていく重要性を確認することである。その人生と宣教の務めは終わるのではなく継続していくのである。残念なことに、私たちの間で行われているこれに最も近い引退の儀式は「引退の宴会」で、その人の人生の中でこの重要な一里塚を自覚する企画であるが、そこにはしばしば幾分かのためらいと同情心が伴っている。たいていの場合、その名誉を受ける人が感じさせられるのは、会社の社長から贈られる金の時計と感謝の手紙と共に、自分が「お払い箱にされる」ような思いである。長年、家を切り盛りして母親として働いてきた女性に対しては、宴会と金の時計という程度の貧弱な応答すら行われない。

　加齢と引退を人間の発達における最終段階としてではなく、発達過程の通過点として見るべきである。ある調査が示すところでは、加齢に対する個人的適応の度合いは、その人の自己理解や加齢のプロセスにおいて自分自身をどのように解釈するかによる。私たちが成長を続ける限り、加齢に由来する恐れはわずかなものにとどまることだろう。

　しかし、高齢になっていく人たちに向けて私たちが行う宣教の務めにおいては、いくつもの要素がその働きを複雑にしている。人々は今や以前よりも早期に退職をする。引退をした人はまだ健康状態が良く、残りの人生の年数を何年も期待できる場合もある。私たちが生きている都市型の、移動性の高い社会は、高齢者をその家族から切り離す傾向があり、高齢者が家族の生活に貢献する機会をほとんど与えず、また家族に対して高齢者を支援し共にいる機会をほとんど与えないのである。多くの高齢者は孤立し、一人で暮らしている。この現実と関連しているのは、体の弱った高齢者に対する専門家によるケアと施設への入居が見られるようになったことである――それは孤独を生み出し、尊厳を傷つけることも起こりうる。現代の生活の場において、高齢者の地位は低下してしまった。かつて高齢者は若い人たちの教師であり、守り手であり、知恵と経験の源泉であった。技術に支配され、急速に変化しつつある世界では、高齢者は新しい世代の人たちが用いることのできる技能や知識をほとんど持っていないように見える。それゆえ高齢者は重荷のように感じられ、またそのように扱われる。

　引退を扱うどのような礼拝という応答も、教会の中の高齢者に対する広い意味でのカウンセリングと教育プログラムの一部でなければならない。それ

は正真正銘の通過儀礼でなければならず、式が必要とされる者に対して、引退をする人が通らなければならない分離、移行、そして新たな加入について語るように立案される。それは会衆と共に守る礼拝の中で行うことも可能であるが、単なる「高齢者への感謝の日」以上のものでなければならない。家であれば静かな礼拝が考えられ、引退者のクラスや教会内の支援グループへの歓迎会という形もありうる。

　引退の儀式において、私たちは次の項目を考えることができよう。

- 式の目的の**宣言**。たとえば、その人が仕事から引退することを確認するためにとか、今や仕事が要求することやその責任から自由になった人が、新しい宣教の務めを担う者として新しい生活を開始するのを助けるためにといった目的を明らかにする。
- 終わりを迎える仕事の**想起**。思い出、回想、表彰。
- **告知**。長きにわたる生産的な生活の美しさ、残りの人生の喜びとリクリエーション（再創造）、十分に果たした仕事への満足感、たんに仕事を持つ者としてではなくキリスト者としての私たちの召命の確認、そして今まさに迎えている新たな始まりへの励ましを、聖書や説教を通して告知する。
- 引退する人あるいは家族や友人による、告知に対する**応答**。
- **祝福**と**派遣**。

信仰教育と引退

　最も重要かつ困難であり、また往々にして望んだことでもないのに、しかしそれにもかかわらず決まって見過ごしにされる人生の道程のひとつが、職場からの引退である。信仰教育は、人々がその生活の中で意味ある変化に備えることができるように手を差し伸べることができる。引退に伴う感情を人々が理解し、引退によって実現可能となった人生の別の選択肢とライフスタイルについて考えることができるように支援しなければならない。引退に関する信仰教育は、召命を仕事ではなく霊的な巡礼として、また宣教の務めを雇用ではなく神と隣人に仕える文脈において、人々が理解できるように助ける必要がある。それはまた、加齢の過程と彼らの霊的生活の継続的な発達について人々が理解する助けとなる。

　引退に関するこの基本的な信仰教育がなされるまで、引退にとって意味あ

る礼拝を発展させるのは困難であろう。

　引退の準備の中で重要なのは、引退者の家族と同僚に向けるのと同じように、引退によって影響を被るすべての人に注意を向け、その人々を私たちが支えることである。共同体の中の誰もが、引退が彼らの生活の中で引き起こす変化について考え、準備をする必要がある。さらに重要なのは、引退に巻き込まれるすべての人が、今、神が彼らにどのような招きを与えているのか、そしてその新たな宣教の務めにどのように備えるべきかを識別する助けとなる信仰教育である。引退に向けた信仰教育は、まさしく彼らをこれらの新たな宣教の務めに備えさせることになるのである。

引退の礼拝に関するルブリク

　引退に関する礼拝の中でひとつの重要な要素は、聖書の朗読と注解であろう。朗読箇所は選ぶ際に配慮が必要である。候補となる聖句として、時の意味に関してはコヘレトの言葉 3 章 1–8 節、聖霊の賜物についてはコリントの信徒への手紙一 12 章 1–11 節、そして高齢になって新たに生まれることに関してはヨハネによる福音書 3 章 1–8 節がふさわしい。

　式の中で象徴的な贈り物や行為があるとそれらもまた信仰教育に役立つ。たとえば洗礼を思い起こさせるもの、聖霊の子どもという重要な役割を象徴する赤い色の衣類の贈呈、過去を新たに見つめ、将来のヴィジョンを思い描くために目に油を塗る行為、神の呼びかけを聞くために耳に油を塗る行為、共同体の中で知恵を語れるように唇に油を塗る行為などが挙げられる。十字のしるしを伴って新たな宣教の務めに任命することは、儀式を閉じるのに適切なあり方であろう。

第13章

悔悛者の和解

RECONCILIATION OF THE PENITENT

罪の赦しは福音と分かち難く結びついている。キリストがもたらす良き知らせとは、人間の社会的個人的に完全な状態を、非人間化し、疎外し、抑圧し、制限するすべてのものからの自由あるいは解放の知らせである——それは、自己と隣人と神と被造物の和解、あるいは一致の報せであり、破れを癒し、人間性と被造物を完成させるものである。

罪は悪とは異なる。悪は、もし特定されず、かつ破棄されないのであるなら、罪に私たちを導く力、あるいは影響のことを指す。歴史的に悪は三つの違ったあり方で経験された。一つには私たちを取り巻く霊的な力における宇宙的な悪として、二つ目には私たち人間が作り出す政治的、社会的、経済的諸構造における社会的な悪として、三つ目には私たちの内にあって私たちを罪へと導く個人的な悪やその諸々の力である。悪の影響から私たちを守るキリストに結びつく直前に、すなわちバプテスマを受ける際に、私たちは悪の力との関わりを断ち切る。

罪は不自然である。私たちが罪に気づくのは、私たちの自然な状態が恵みの内にあるべきものだからである。私たち人間が罪の中に生きているのは理解可能な事実であるかもしれないが、神の意思は私たちが違う道を生きることである。神は私たちを神の像に造られた。私たちは自由に決断をし、自由に道徳的に行動する存在である。私たちは自然で健康な状態に生きることも、不自然で罪深い状態に生きることもできる。歴史的には、自由の中に置かれた人間性は、不自然な状態を選ぶ奇妙な傾向を示してきた。神はイエス・キリストにおいて、悪の宇宙的な力を克服し神の支配、王国を建てるために来

られ、また新たな時代のしるしと救いのヴィジョンを私たちに提供するために来られた。いまや私たちは、本来私たちが生きるようにと創造されたあり方に従って生きることが可能となった。言い訳はもはや通用しない。私たちの完全な自由が回復されたのである。私たちは共同体の中で生きる十全にして健康な人々であり、正義、自由、平等、一致、そしてすべての人間の幸福のために生きる存在である。私たちは信仰によって生き、物事をありのままに見、現実を充足したものとして受けとめ、私たちと被造物の完全な完成に向かって進む旅へ足を踏み入れるように呼びかけられている。つまりそれは私たちの本来的な状態であるあり方を、現実のものとすることへの呼びかけである。罪とは、私たちと神と被造物についての神話の否定と歪曲である。私たちに与えられた召命を全うするために、すべての罪を捨てて、イエス・キリストに立ち帰り、私たちを救い出された方としてイエスを受け入れ、その恵みに信頼してイエスの道に従って行く必要がある。

　神は私たちを新しい民、十全なものとして存在する民、救われた民として造られた。神の恵みは私たちの霊を何度も繰り返し救いへと方向づけ、そうして私たちにとって本来の状態あるいは自然な状態を実現する。しかしながら人生は私たちが罪か恵みかを選びとる機会を提供する。セックス、アルコール、富、またその他の同じようなたぐいのものが罪の機会となる一方、しかし同時にそれぞれが恵みの機会となることもある。神は私たちに創造という贈り物、歴史という贈り物、そして機会という贈り物を与えられる。神が与え神が望まれる善を、私たちは高めることもできるし、歪めることもできるのである。

　私たちは皆、自分自身に向き合い、仮面と偽装の行為を捨てて、他の人にオープンに語りかけるという人間にとっての必要性を共有している。教会は私たちがありのままでいることができる雰囲気、私たちの人間的条件を知ることのできる雰囲気を作り出し、さらに私たちがまだ真の人間性にまで達していない領域について、責められたり非難されたりあるいはレッテル貼りされたりすることなく、仲間たちと共に話し合える雰囲気を作り出す必要がある。私たちは自分がありのままに受け入れられ、無償で愛される共同体が必要である。私たちには、私たちを贖われた人間として扱ってくれる共同体が、また私たちに救われた状態を映し出してくれる共同体が必要であり、また罪の自覚を共有し、それに応えて自由な恵みを私たちに提供してくれる共同体

が必要である。言い換えれば、私たち自身が自らを赦すことを可能にさせる
共同体が必要である。あるいは、さらに言うなら、私たち人間の実存的な条
件を受け入れると共に、私たち人間の本質的な条件に基づいて私たちと関わ
る共同体が必要である。

　初代教会は神の支配のしるしとなることへの呼びかけを、真剣に受けとめ
た共同体であった。それゆえに完全な社会を作ろうと試みたのである。その
ような共同体であったため、彼らは罪を非常に深刻に受けとめた。人々は洗
礼において、罪とその力を捨て去り、過去の罪に対する赦しを受け入れ、神
が与えられる無償の恵みの中で生きるために彼ら自身をささげて、キリス
ト者となった。洗礼の後で犯された罪の行為は赦されざるものと見なされた。
しかし歴史は（期待されたようには）終わりを迎えることがなく、この初期
の頃の完全主義が示した罪に関する否定的な内容理解は、教会を新たな決意
へと導いた。罪はまだ深刻に受けとめられており、個人的な罪はなお全教会
の関心事と見られていた。実際、洗礼の後で犯された罪深い行為は共同体を
危機に陥らせ混乱させるものとして真剣に受けとめられた。一つの罪の行い
が赦されたとしても、公的な罪の告白と悔悛の行為に関する厳格なプログラ
ムを終了して赦しを受け共同体に再加入するまで、その人は共同体から切り
離された（陪餐停止）のである。

　たとえば、九世紀までには、罪とされる行為に関わった人物を追放する式
として、レント前の水曜日（後に「灰の水曜日」と呼ばれる）に行う、灰を付
すことと数編の詩編朗読から成る儀式が形成されていった。こうして罪を悔
いるすべての人々は陪餐から遠ざけられ、レントの期間中、訓練のもとに置
かれた。そうして彼らは「洗足木曜日」に和解の儀式に参加し、ふたたび陪
餐が認められたのである。十一世紀になるとこうした公的な悔悛の訓練のお
もかげはほとんど残されていなかった。そしてその代わりに共同体全体が一
般的な罪の告白をし灰を付されるという習慣が生まれたのである。レントは、
その時点で全教会にとっての悔悛の行為の期節となった。

　早くも六世紀には個人的な悔悛の行為が発展し、聖餐式を含む礼拝と日々
の聖務日課において一般的な罪の告白と赦しが行われるようになっていた。
しかし中世までには告解の制度が生まれ、その中で会衆の代表者としての司
祭に各自個人的な罪の告白をする機会と、神と共同体の名における赦しが与
えられるようになった。やがてこの習慣は年毎に行われる平凡で機械的な行

為となっていった。さらに悪いことに、悔悛の行為は赦しを買う手段となったのである。

　宗教改革の間、公の告解を「聖餐卓の防護（fencing the table）」と教会訓練によって回復する試みがなされた。一般的な罪の告白という習慣はすでに失われていたが、この時代に新しい意義を与えられた。赦しはすべての人が自由にかつ定期的に受けることができるものとなり、個人的な罪の告白は、そのサクラメンタルな性格は決して否定されることはなかったが、減少していった。後に、個別の罪の告白と赦しは、メソジストの組会と英国国教会のオックスフォード・グループという形で、再び制度として確立された。今日では、共同体の礼拝における共同の告白、小グループの中での個別の告白、そして司祭に対する個人的な告白のすべてが、キリスト教会の中で共存している。これに対応するように、会衆による共同の罪についての新たな理解が浮上し、日々の聖務日課と教会の聖餐式における一般的な罪の告白の焦点となった。

　罪の告白における課題は、「神は赦してくださるだろうか」という点にあったわけでは決してない。その課題は、私たちは互いに赦し続けることができるか、赦しを受け入れることができるか、そして自分たち自身を赦すことができるかであった。主の祈りにおいて、私たちは「我らに罪をおかす者を我らがゆるすごとく、我らの罪をもゆるしたまえ」と祈るが、あるいはそれは次のように祈る方がよいのかもしれない。「我らに罪を犯す者を赦すことができるようになるために、我らの罪を赦したまえ」と。神の赦しは知られている事実であり、私たちが受け入れるのを待っているだけである。悔い改めは、当然ながら必要である。というのは、私たちが赦しを必要としている者であることを自覚するまで、赦しを経験できないからである。この点に関して、悔い改めと赦しが「和解」というサクラメンタルな行為と表裏一体であるか否かに注意を向けることは重要である。サクラメンタルな行為は、まさに真実であるとすでに認めたことがらを、私たちにとっての現実とする営みなのである。

　互いに赦し合うことの重要性を認識するのは大切なことである。「神のみが赦すことができる」と言いつつ、「私たちには赦す責任がある」というイエスの明白な戒めを思い起こすならば、そこには矛盾が生じる。私たちは私たちが果たすべき責任を逃れることはできない。もし私たち人間が何もしよ

うとしなければ、罪人はそのまま取り残される。神の赦しだけではなく、共同体の赦しについても、同じように知る必要がある。神の赦しについての記録は明らかである。有罪である者に無罪宣告をするのが神のやり方である。正義についても同様である。神が求めていることのすべては、私たちが後悔して、違った仕方で生きることを望むようになることである。この後者の要求でさえも、神が私たちに無理やり赦しを押しつけたくないという理由のみによって必要なのである。私たちの働きと罪を悔いる思いによって、赦しを勝ち取ることはできない。神が私たちを赦すのに、実際には何ものも必要ないのである。

　私たちが犯すひとつひとつの罪は共同体に影響を及ぼすので、共同体は、和解、罪人の赦しの宣告、彼らが新たな決意を抱けるようにするための支援、そして彼らが日々の生活の中に新たな恵みを組み込んでいけるように助ける働きに携わる必要がある。この点に関して、誰でも罪の告白を適切に聞き、私たちの神の恵みを思い起こさせることができるだろう。実際に個人的な罪の告白の場面では、司祭は共同体の代表として行動し、私たちに対して、互いに赦し合うことが人間に必要であることを明らかにしているのである。

　和解が意味あるものとなるために、罪の三つの様相を区別することが重要である。「不安罪責（*Anxious guilt*）」は私たち人間の実存的な状態として最もよく理解されている罪の結果であるが、それは本当の自分として存在するのではないという感覚であり、魂の安らぎがない経験であり、病に陥っているという意識、あるいは裁きのもとにあるという意識である。こうした状態は伝統的に、霊的指導と表現されるのが最もふさわしい信仰教育の一形態に委ねられてきた。毎日行う意識の究明、黙想、そして祈りのための聖書朗読と識別の訓練によって、私たちは日々、不安罪責に正面から向き合い、私たちの真の状態を見つめる。私たちは皆、イエス・キリストにおける神の恵みの行為によって、正しい者とされ、十全な者とされているのである。私たちは洗礼におけるこの事実についての気づきを、信仰の行為を通して喜び祝う。それによって私たちは、伝統的に「聖化」と表現されてきた、成就へと向かう霊的な旅路を歩み出す。霊的な訓練と導きの助けによって、私たちは人間に与えられている可能性を実現する。

　「神経症的罪責（*Neurotic guilt*）」は裁きに対する非現実的な感情から生じる。神経症的な罪においては、たとえば私たちの子どもが取った行動が原因とな

って、あるいは神の赦しを受けることができないままでいる遠い昔の行為が
原因となって、私たちは罪責を感じる。歴史的にそのような罪責は私たちを
神経症から解放するのを目的とする牧会カウンセリングによって扱われてき
た。

　「現実の罪責（*Real guilt*）」は共同体と私たち自身によって、不道徳なもの
として認識された行為としての罪から生じる。時として私たちは、自らの自
由な意思に基づいて、私たちの人間としての真の在り方を否定したり、ある
いは他者の真の人間性にとって益となるものを否定したりするような行動を
取ってきたことを認める必要がある。もしこの具体的で認識可能な行為、あ
るいは心のあり様を悲しみ、他の生き方を強く望むなら、和解を求める礼拝
的な行為が適切であり重要である。罪は規則違反というよりは、神との関係
を破ることである。和解の礼拝は、この壊れた状態を、破れのない健やかな
状態に回復させることを意図している。和解の中で重要なのは、罪の本来の
性格を理解することである。罪は行為以上のものである。すなわちそれは行
為へと導く心のあり様である。イエスは言われた。「あなたがたも聞いてい
るとおり……『殺すな……』と命じられている。しかし、わたしは言ってお
く。兄弟に腹を立てる者はだれでも裁きを受ける」（マタイ5・21-22）。ここ
で「腹を立てる」と訳されているギリシア語は、「心に溜まった怒り」あるい
いは「持続する怒り」を表す言葉である。イエスが心のあり様を取り上げた
のは、それが自己、あるいは他者に対する暴力へとつながるからである。私
たちの本当の罪は、罪深いものとして認められる行為へと私たちを導く。た
とえば、配偶者や子どもへの肉体的感情的な虐待である。罪を犯した人はそ
の罪を告白するかもしれないが、この行為と衝動へと導いた罪を確認する
ことができるまではその行為を繰り返してしまうだけである。さらに、高慢、
妬み、怒り、怠惰、貪欲、大食、情欲など——これらは皆罪深い行為につな
がる——これらの心のあり様を認識することは、私たちすべての人間が自分
自身の中にある罪に気づく契機となる。こういうわけで私たちは悔恨の告白
をし、象徴的な行為あるいは礼拝を通して、神と共同体の名による赦しを受
ける。私たちはさらに恵みに生きるための助けとして悔悛が必要であること
を認める。悔悛は恵みを手に入れる手段ではなく、また過去に行った振る舞
いに対する償いをすることでもない。それは私たちが今までとは違った生き
方をする助けとなる一連の信仰教育的な行為である。

和解の信仰教育

　平均的な会衆は和解の礼拝を行う時にある根本的な諸問題に直面することになるだろう。第一の問題は、会衆がそうした礼拝をよく知らないという問題である。第二は聖職者に個人的な罪の告白をすることを困難にする、プロテスタント的な偏見である。ほとんどの信徒は、「罪」と「個別の罪」（sin and sins）、「罪」と「罪の機会」、また「個人的な罪」と「共同的な罪」の違いすら理解していない。相当数の人々は赦しと恵みについても理解していない。もっと多くの人々は象徴的な行為──儀式──の性格と機能、司祭や牧師が人々の代表として担うことがらを明らかにする役割について、不十分な理解しか持ち合わせていない。罪の性質（nature）についてはほとんどの人が理解していない。聖務日課と聖餐式の中で行われる悔悛の儀式の機能と目的を理解していない人々も大勢いる。和解を求める共同体の礼拝を経験している人はごく稀である。そして個人的に個別の罪の告白をした人はほとんど存在しないのである。

　第一のステップは、大人を対象とする、経験と省察に関わる重要な信仰教育のプログラムである。このプログラムでは和解に関する様々な礼拝的表現を大人たちに紹介すべきである。さらにそのプログラムによって、罪と恵み、礼拝と和解についての基本的な神学的情報が提供されることになる。それはまた経験に対する省察の機会と、私たちの生活の中における赦しの場を提供する必要がある。つまり回心と和解の継続性を再発見することである。これに関連して、私たちは回心と和解のしるしとなるものを積極的に取り入れるようにすべきである。たとえば慈善と奉仕の行為、神と隣人への奉仕において自己否定の求められるいくつかの行為である。

　何よりもまず私たちは人々が互いに赦し合うことを強く勧めるべきであり、それによって罪に対する愛の勝利を証言するのである。そのような行為に参与し省察することによってのみ、すべてのクリスチャンの生活は悔悛の生活であると理解することができるようになる。私たちは共同体の中で、罪責と嘆き、赦しと和解、あるいは恵みにおける成長についての認識を経験しなければならない。その後に初めて、それらの経験を福音信仰の光のもとで省察できるようになる。和解に関する信仰教育では、第一に大人に対する経験的（行動−省察）な信仰教育を行い、それから大人を通して子どもへの信仰教育

を行うべきである。

信仰教育と和解

　家族の和解のために行われる共同の礼拝が、特にアドヴェントとレントの時期に、もう一度導入されるべきである。特別な機会に共同体として行うこうした悔悛の儀式は軽視されているが、「十字架の道行き」がプロテスタント教会の霊性に再び導入されるようになってきたことにも見られるように、その信仰教育的価値を見逃すことはできない。これらの儀式の中で行われる信仰教育は聖書朗読と説教を通して行うことができる。

　さらに親に対する信仰教育においては、家であれ教会であれ、子どもたちが愛と信頼と才能に満ちた価値ある存在として、自らの真の人間性を意識することができるような方法で、親がその子どもを扱えるように指導されなければならない。両親はまた、家族の経験する危機や疎遠となった個々人の関係を、赦しと和解を表現するための機会とするにはどうしたらいいか、あるいは子どもたちがニュースで見た悲しい場面や仲間との間のネガティブな経験の意味を理解するのを助けるにはどうしたらいいかといったことを学ぶために援助を受ける必要がある。また私たちは両親を支えて、子どもたちを愛と奉仕の業に加わるようにさせ、さらに両親がキリストにある贖われた生活のしるしとしてそのような行為について考えることを支える必要がある。

　和解の礼拝はたんに赦しを経験する形式的なセレモニーではないことを理解できるように、私たちは人々を青年期から助けていかなければならない。和解とは神を信じる二人の人間の間で行われる信仰における対話である。人々が告白すべき罪を認識し、自らの罪を言い表し、悔悛の行為について考えるためには、助けの手を差し伸べてもらう必要がある。すなわち人々がよりキリスト者らしい生活を送るのを助けるために信仰教育による支援が求められるのである。

　人々は和解の礼拝に参加するための準備段階を理解しておくべきである。すなわち、まず私たちの生活を正直に自己吟味すること。罪を正確にとらえ明らかにすること。他者に対して自分の罪を認める意志を持ち、罪に対して真摯に嘆くこと。生き方を変えようという心からの決心をすること。その（神の助けがあれば可能となる）変化を起こすのに必要なことを行う意志と、赦しを受ける意志を持つこと。他者を赦すこと。そして自己自身を赦すこと

である。

　彼らはまた悔悛を理解する必要がある。悔悛は神の赦しを手に入れる手段ではない。悔悛は神の赦しに対する感謝の結果であり、同じ罪を私たちが繰り返さないようにするための訓練となる行為として、理解されるのが最もよい。たとえば、もし私たちが自分自身を愛さないがゆえに他者に対して不健全な態度を取っていたのなら、十字架の前に進み出て、私たちのために喜んで死んでくださったほどに私たちを愛されたイエスを見上げるのがよい。そのことによってのみ、私たちは自分自身を愛することができるようになる。

和解の礼拝の際の信仰教育

　罪の告白の祈祷文の中にある対話の部分は信仰教育的な機能に資するものであり、この重要な儀式の主要な部分となるように期待されている。悔悛者のために行われる和解の礼拝の中で、「ここで司祭は話を聞き、方向づけを与え、慰めの言葉をかけてもよい」という指示が書かれている。聖職者と信徒はこのような対話を交わし、必要に応じて信徒は聖職者が提供する牧会カウンセリングや霊的指導を受け、悔悛に向けた「霊的訓練」を組み立てなければならない。この訓練は、和解した人が、すでに差し出され受け取った恵みを育むことを助けるものとなる。

悔悛に関するルブリク

　聖務日課と聖餐式の式文に書かれている罪の告白の祈り（*BOW*, pp.474–494 for Prayers of Confession and Words of Absolution を参照）はレントの期間において中心となるものであり、一年を通じてほとんどの時期に含まれている祈りであるが、復活節には不適切な祈りである。悔悛に焦点を置くのはレントの期間には重要であるが、一年の他の時期は私たちが持つ贖われた共同体としての性格に焦点を置く。あまりにも長い間、私たちは人間の状態を「惨めな虫けら」として、あるいはその可能性が極端に制限された罪人として強調してきた。私たちの罪を無視することはできないし、してはならないが、私たちはまた人間として贖われた状態についても目を向ける必要がある。これは私たちの罪を見るために適切な観点である。私たちは礼拝を通して、善と愛への可能性に満ちた、新しく贖われた状態を経験する。

　罪の告白の祈りは礼拝の最初、すなわち聖書朗読の前、あるいは会衆による祈りの後にささげられるのが適切である。心理学的観点からすれば、後者の位置に置かれるのがより適切である。とりわけ平和の挨拶としての接吻の前に置かれるので、具体的な象徴的行為を通して和解を共同体が表現する部分がその後に続くことになる。いずれにせよ、罪の告白への招きの後に沈黙の時が守られるのは重要である。それによって人々は自分の個人的な生活と共同の生活を振り返ることができ、自分の罪の告白を共同の表現へと組み入れることになるからである。この点について、私たちは強く反対をしなければならないことがある。それは会衆によって用いられるべき独自の罪の告白の祈りを書くことである。これらの祈りによって表現することができる特定の罪について、共同体が自覚と同意を示し、そして共同体の祈りとして洗練された言葉が用いられているのでなければ、私たちはこれに反対する。罪の告白について独自の祈祷文を書くことは、往々にして、牧師の隠されたアジェンダを開示するという結果に陥ってしまう。これは良い信仰教育ではない。罪の告白の祈りは、何を告白するのかについて人々を教育する場ではない。

　悔悛と和解に関する共同の礼拝は、教会暦の流れの中で行われるか、共同体が送る日常生活の経験の中でそうした共同の行為が必要とされる時に行われる。私たちはそのような時に対して、とりわけ灰の水曜日に灰を付けることから始めて受難日の礼拝にまで続くレントのような悔悛の期間に対して、心を研ぎ澄ますべきであり、また共同体として行う式を準備しなければならない。

　個人的な罪の告白を奨励するために（特に日曜日の礼拝で共同の罪の告白が除かれているような教会暦の期節に）一定の機会を備えておくことは大切である。思春期の初期において、私たちは青年たちに向かって最初の罪の告白をすることの重要性を強調し、それらの人々をそれに向けて備えさせなければならない。幼い子どもたちが聖餐式の中で最初の罪の告白をするという伝統も存在したが、発達の面から、子どもたちが成熟した良心を身につけ、彼らにとって真に意味のある告白ができるようになるまで、この式を延期するということは十分に意味のあることである。

　『祈祷書』には罪の告白に関して二つの形式が記されている。ひとつは通常の霊的訓練の一部として式を用いようとする人のためのものである。第二は、特定の罪のゆえに、乱れた良心によって苦しんでいる人々のためのもの

である。『礼拝書』の罪の告白の項目（474 ページから始まる）は、個人で用
いても、あるいはグループで用いてもよい。

第14章

病者への牧会

MINISTRATION TO THE SICK

現代人にとって健康は主要な関心事である一方、論理的に啓発された私たちの時代は癒しに関わるサクラメントや祈りの実践には重きを置かず、否定的な態度を示してきた。そのような実践がキリスト教の世界で消え去ることは決してなかったが、ルルドのような場所や、ペンテコステ派やクリスチャン・サイエンスなどのグループに限定されている。宗教と祭司の代わりに、医学と医者が人間の健康について唯一の癒しの役割を引き受けてきたのである。もちろん、このかなりの部分は徐々に変化して来ている。最近では病気は肉体的な原因以外の原因を持ちうることが、医学によって発見されつつある。また医師たちは、人間は肉体的な存在としてだけ扱われうるものではなく、その人の信仰や宗教生活も含めた全人的に機能する社会的有機体として扱わなければならないということに気づき始めた。しかし今なお、たいていの信徒あるいは聖職者は、宗教的方法による肉体的、感情的、あるいは霊的な癒しについて、限られた関心あるいは経験しか持っていない。それにもかかわらず、ほとんどの宗教的共同体には病者への牧会のための新しい儀式と共同体の癒しの礼拝がある。

しかし次のような問いは残る。教会における癒しの場とは何か。どのように神は人間の生の中で働かれるか。私たち人間の経験において祈りはどのような機能を果たすのか。今日の教会はこれらの問いに対する答えをめぐって分裂している。

ほとんどのキリスト教会は、病者の癒しに関してなすべきことは何もないと信じているようである。教会の象徴的な行為——礼拝——が人間の健康に

直接的効果をもたらすとは思われていない。霊的な癒しに関して、ほとんどの聖職者あるいは病院付チャプレンは心地よくは感じていない。実際、多くの病院付チャプレンは特定の衣服——医者が着ている白衣——を身に着け、専門的医療スタッフとしての自己認識を持つようになっている。

　奇妙なことに、これは古くからのキリスト教信仰とは正反対のものである。こうした変化は徐々に生じたが、その始まりは十世紀に癒しのための塗油の礼拝が、死に行く人のための最後の塗油となった時であった。この世における人間の癒しのためのサクラメントが、次の世における人間の癒し（救済）のためのサクラメントになったのである。教会における癒しは、聖廟と聖遺物へと移行したが、両方とも宗教改革では脇へ退けられたのである。キリスト教のサクラメンタルな癒しに代わって、三つの見解が生じ、教会によって受け入れられるようになった。第一は人間を全体的に物質的なものと見る見解であり、それゆえに人間の体は物質的あるいは医学的手段によってのみ手当てされることができるので、宗教的行為は不要であると主張した。第二は、神は病気に対する責任があることを認めるものである。宗教的行為は私たちを治療するものではないとはいえ（医学だけがそれをなしうる）、神は人々の回心のため、あるいはまたその信仰の成長のために病気を送ったのであるがゆえに、牧師は個人の魂を救うために働くのである。第三の見解は、イエスと教会は実際に癒しという宣教の務めを担っているが、神は時至って私たちに医学の賜物を与えられたのであり、それによって新約聖書や初期の教会における宗教的な癒しについての記事は（確かに正確な記述ではあろうが）今では起こりえないというものである。いずれにせよこれらの三つの見解において、サクラメンタルな行為を通してのキリスト教の癒しが真剣に取り上げられることはなかった。

　現実を理解する二つの可能性が存在する。第一は、感覚的に経験される、閉じられた合理的物質的な世界を想定することである。この見方によると感覚による経験と理性によって知られる世界を離れた現実は存在しない。そしてこの見方は、物質的な世界から独立した何らかの現実によって私たちが影響を受けることがあるという見方とは整合性を持たない。こうした理解と通底するものとして、そこでは意識の応答的直観的モードは存在せず、人間の経験における感情的非合理的側面は認められない。その代わり、意識の能動的、あるいは知的なモードしかない。この見方では、信仰は合理的で論理的

となる。信仰箇条や啓示は救済のために受け入れられるべき神学的教義的な体系となる。霊的（非物質的）現実を認めるいかなる余地もなく、サクラメンタルな癒しは論理的に不合理なものと見なされる。中世の末期までに、この現実に対する啓発的な見方がキリスト教の思想を支配するようになった。そしてそれは現在まで続いている。

　しかし、もうひとつ、より伝統的な見方が可能である。この見方が主張するのは、現実は二つの次元から成り立っているということである。すなわち現実の物質的世界と、現実の非物質的な世界の両方が存在する。意識の能動的知的なモードと、意識の応答的直観的なモードの両方が存在する。この見方によると、信仰は救済と啓示にとって必要な知覚領域であり、神と関係を持つ経験であり、現実の物質的、非物質的な両次元において個人と共同体が招かれている日々の生活なのである。この場合、サクラメンタルな癒しは、霊的な世界と物質的な世界が相互に影響し合う直接的な方法のひとつとなる。

　今日、合理的物質主義とその閉鎖的な自然体系に疑問を投げかけているのは、科学者の集いである。再び現実に関する伝統的キリスト教の理解の意義が浮上してきたのである。無意識についての新しい理解と共に、宇宙における経験と私たちの場についての新しい理解が生じてきた。人間は、現実における客観的物質的次元と主観的、心理的、あるいは霊的次元を結ぶ懸け橋なのである。

　人間の生は意識の知的なあり方と直観的なあり方を発展させ、統合しなければならない。知識は経験的、非言語的、非理性的な手段によって私たちのもとに到達し、その後、考察を加えられ理性的に描写される。実際に、世界には霊的、非物質的な次元と、物質的、具体的な次元が存在する。だから、宗教的働きと宗教的対象は潜在的に深い意義を持っているだけでなく、もし私たちが全人的で健全な人間であろうとするなら、不可欠である。今日の人々にとって、キリスト教の啓示に対する生き生きとした経験を新たに認めるだけでなく、キリスト教のサクラメンタルな癒しについての理解をも裏付けるような世界観を再び持つことは可能なのである。

　神は病気や破れが存在することを許す一方で、神の意志は常に癒し、全人性と健康を取り戻すことに向けられている。神は私たちが置かれた条件のもとで信仰を持って生きるのに必要なすべてのものを備えてくださるのであり、たとえ私たちの生涯において病気の癒しや回復を経験しなかったとしても、

究極的に、私たちの死の時点において神のそうした意志は成就する。

　神が癒すことができるという信仰的な見方を自分のものにしていないために、人が癒されずにいるかもしれないということを知っておくのは重要である。すなわち、そこに癒されたいという願いがない場合である。心に抱く怒り、あるいは健康な生を生きることの失敗、あるいは医学的もしくは心理療法的な治療を受けることを拒否するといった罪も、私たちの病の一要素であるかもしれない。

　被造世界における病と無秩序は神がもともと意図されたものではない。だから神はそれを贖われる。つまり神は再び命と健康を与えられる。イエスは言葉と、触れるという行為で癒しを行った。それゆえに病者への牧会の儀式には三つの部分が含まれている。第一は言葉による牧会であり、神が私たちの癒しを切に望んでいることを言葉において確認することである。第二は按手と塗油である。聖書は信仰への招きであり、癒しの業が受け入れられ承認されるためには不可欠な認識への招きである。按手と塗油は、神の愛による癒しの力に私たちを気づかせる古くから行われてきた象徴的行為である。聖餐式は第三の部分であるが、私たちの破れや不完全さを救済と十全性へと変革する神の恵みに感謝をささげる機会を提供する。

信仰教育と病者への牧会

　十分な知的説明と神学的枠組みを知らないままに、癒しの牧会に意味深く参与するのは不可能であろう。その説明と枠組みによって、サクラメンタルな癒しにおいて何が起こりうるか、そして起こるかを理解できるようになる。この理解がなければ、心情主義と魔術的理解が広まることになるであろう。霊的、あるいは非物質的現実に関する信仰と、意識の応答的直観的なモードについての理解を人々が身に付けられるように私たちは手助けしなければならない。聖霊に関する神学が展開され、省察される必要があり、それによって医学的な癒しの実践と、教会が行う妥当にしてサクラメンタルな癒しの牧会の間に、何ら葛藤が存しないことが理解されるようになるのである。

　教会が提供しなければならないのは、霊的癒しに関する課題や疑問について忌憚なく率直に議論ができ、病気についての具体的で様々な解釈が述べられるような場である。不従順に対する罰として神が病気を送り込まれたという説は疑問視されるべきである。そのような見方は、神を愛情深い親という

よりは、独裁者にしてしまう。これは退けられねばならない。しかしまたそうした要素を完全に排除するのも愚かなことである——私たちは病気になる意志を持つことができるからである。罪責感は病を引き起こしうるし、赦しは霊を癒すことができ、それゆえに体も癒す可能性がある。病気は罰である、あるいは長く辛い人生の旅路を耐えるためのトレーニングであるという説もまた再考されるべきである。この見方は愛と義としての神という理解を歪めてしまう。これも退けられなければならない。

さらに、病気は世界に対するサタンの支配のしるしであるという説、あるいは病気の存在は人間の命における解決できない不可思議なことがら、私たちに敵対する力であり、私たちよりもしばしば強いという言説については、さらなる探求がなされなければならない。この場合、キリスト教の福音は、物事を正しくする神の力を宣言する。その神の力とは肉体の癒しや感情的な癒し、あるいは病を抱えながらも目的を持ち意味ある人生を送ることができるようにする力を意味するかもしれない。重要なことは、現代科学が提供する最善の方法による肉体的、感情的病気の治療を、私たちがいつも肯定し擁護することである。キリスト教の秘義を信じる信仰は、病気に直面して神への信頼の態度を確立するものとなる。その信頼は癒しの一部となりうる。癒しは医学、そして祈りと教会のサクラメンタルな諸行為のいずれか、あるいは両方によっても起きる可能性がある。

人間には思いやりのある共同体で愛のうちに成長する経験と、神体験が必要である。信仰教育は、人々が共同体の中で聖霊との生き生きとした関係を展開するように助けることに焦点を置くようになるだろう。霊的な理解同様に霊的生活が養われなければ、病者に対する牧会の儀式は限られたものとなる。

私たちは、教会が古くから行ってきた、また現在行っている、個人的かつ共同体的な癒しの礼拝について、人々に紹介する必要がある。こうした癒しの礼拝が個人と教会の生活における生き生きとした一側面となるためには、まず人々がそれらに触れ、またそうした礼拝の中で語られることや行われることの意味を理解するために助けることが必要である。

癒しは肉体的、感情的、あるいは霊的な病気と関係していることを理解するのが重要である。多くの人々は癒しと言えば、肉体的病気に関してのみ考える。人がサクラメンタルな癒しに参加することができるのは、悩める霊や、

絶望、鬱といった病んだ心、そして病気にかかった体のためにである。聖公会の『諸行事のための礼拝書（*Book of Occasional Services*)』には公の癒しの礼拝が含まれていて、その中でより全人的な回復を求めて、病気の人、怪我をした人、障がいを負った人のための祈りがささげられる。孤独や落胆の中にある人のための祈りが記され、彼らが神の臨在に気づき、壊れた関係が修復され、感情的な悲嘆の中にある人が心の健全さと霊の静けさを取り戻し、死に行く人が平安で聖なる死を迎えるように祈るのである。私たちは全人的な存在であり、私たちの人間性のあらゆる面が互いに影響し合っていることに、意識を向けるべきである。病んだ体は感情的に苦しむ原因となりうる。感情的な病は体に影響を及ぼすことがある。私たちの一部分が癒されることは、残りの部分に影響を与えるであろう。私たちがまた理解する必要があるのは、和解の礼拝が痛みの原因を作った人を牧会することができるのに対して、癒しの礼拝は痛みを受けた人への牧会の道を開くということである。

　合同メソジスト教会は、『礼拝書』の中で「癒しの礼拝と祈り」に関して、一章分すべて（Section VIII, pp.613–629）を割いている。『礼拝書』のこの章の中に「離婚」などの人生の出来事も含むことについては私たちは一定の留保を付したいとは思うが、ともあれこの章は合同メソジスト教会の会員にとって豊かな牧会に役立つ資料となることであろう。「胎児を喪った後の希望の礼拝（Service of Hope After Loss of Pregnancy)」と「昏睡状態、あるいは意思疎通不能状態にある人への牧会（Ministry with Persons in Coma or Unable to Communicate)」は特に注目に値する。

病者への牧会の際の信仰教育

　癒しを求める教会の礼拝の中には言葉による牧会が含まれるが、それは聖書朗読と、説教や解釈を含むコメントによって構成される。この部分を無視してはならない。また病人が按手、祈祷、塗油、そして聖餐に忠実に参加できるように備えるための、信仰教育が担いうる役割を無視しないことは重要である。

病者への牧会に向けた信仰教育

　サクラメンタルな癒しに関する教会の礼拝が一般的になるまで、私たちはそれらを執り行う可能性と、礼拝が参加者にとって何を意味するかの両方に

ついて人々に注意を喚起する必要がある。

　さらに、これらの礼拝は悔悛者の和解の機会となることがある。礼拝の準備において、人は礼拝での告白が妥当なものとなるように、自らの良心を検証する助けを与えられることが望ましい。そのために個人的な信仰教育が必要となるであろう。

病者への牧会に関するルブリク

　病者と共に守る私たちの礼拝は、第一に言葉による牧会に焦点を当てる。病気を抱える人は、自分の病が福音の中で解釈され、位置づけられるのを聞く必要があるからである。病者と共に守る礼拝の式文は、個人や小グループという設定の中で用いられることを前提としている。求められる口調はフォーマルなものではなく、温かく、そして共感的なものである。その人とその人の病気が特に「公」の性格を有する場合、聖書箇所はコリントの信徒への手紙二 1 章 3–5 節とルカによる福音書 17 章 11–19 節がふさわしい。聖書朗読とその箇所についての短くインフォーマルな考察、あるいは応答の後で、個人的な罪や一般的な罪の告白がなされてもよい。ヘブライ人への手紙 12 章 1–2 節、詩編 103 編、そしてマタイによる福音書 9 章 2–8 節が、礼拝のこの部分で読まれるのに適切な聖句である。

　病気の時に重要な象徴的所作は、塗油を伴った按手である。祝福／感謝が油の上でささげられる。油は、私たちの配慮と神の恵みを持ち運ぶ、手で触れられて目に見える手段として用いられる。古くから、油は清めと医療の目的のために用いられた。病者の額の上に十字のしるしが付けられることもある。手と足にもまた油を塗られることがある。この行為は優しさと配慮をもってなされるべきである。

　誰かが癒しを受けるための代理としてやって来た人に、塗油を行うのもよい。そこでささげられるのにふさわしい祈りは、次のようなものである。「聖霊の力によって、神があなたを力づけてくださるように。それによって、（　名前　）の生涯において、あなたがキリストの癒しの愛の道具となれるように祈ります」。

　病者への牧会において第三にして最後の部分は聖餐式の執行である。これは、ベッドサイドテーブルを用いるなどして、できるだけ簡潔で型にとらわ

れずに行われるのが最もよい。サクラメントを軽々しく見せてしまいがちな、人形遊びに使うような小型の器を聖餐式に使うのは避けなければならない。家庭や病院にある器を聖餐式で用いるのは可能である。教会の礼拝で行われた聖餐式から直接病者のもとへパンとブドウ酒が運ばれて聖餐が守られるなら、これによりサクラメントが持つ共同的かつ共同体的な性格（the corporate, communal nature）が強調され、病気の時にキリスト者の交わりが継続的に与えられるという支えの側面が強調されることになる。

第15章

死と葬儀における牧会

MINISTRATION AT THE TIME OF DEATH AND BURIAL OF THE DEAD

私たちの人生における季節の移り変わりは永遠に続くものではない。キリスト者のライフサイクルは洗礼に始まり、死で終わる。教会は私たちの始まりの中に終わりの影をいつも見てきた。第1章で記したように、洗礼は常に死にたとえられてきた。それは私たちの母胎（womb）であり、かつまた墓場（tomb）でもある。洗礼において、私たちは死への備えを始める。私たちを奴隷とするすべてのものに対して死に、私たちの古い自己に死に、新たに生まれ変わるために死んでいくのである。

そのため、ルターは洗礼について、死に向けた本格的稽古として語ることができた。洗礼とは、流れに身を任せ、私たち自身を永遠の憐れみの御腕に委ね、神にのみ希望を置くようになるために、自分自身に希望を置くのをやめる最初の経験である。ルターは次のように述べた。「日ごとにあなたは死ななければならない。それによって日々神があなたを造り続け、新たな被造物に生まれさせることができる」。もし、人々がルターに向かって、死を恐れるかと尋ねるなら、彼はこのように言うかもしれない。「いいえ、それというのも、洗礼から始まって、わたしは既に百もの死を死んできたからだ。そして私は既に成し終えたことを恐れることはできない」。

死に際してキリスト者が抱く希望は、キリスト者を生涯、支えてきた希望と同じである。それは私たちをこの生において呼び出し、私たちを愛し、とらえてくださった神が、死においても私たちを呼び出し、愛し、とらえ続けるという希望である。

死を否定し、死を避ける社会の中で、教会は大胆かつ自信を持って、世界

がそのほとんどの時間を逃避に費やすことがらと正面から向き合うことができる。教会にとってはこれが可能であるが、その理由は、永遠の命に対する私たちの希望のゆえではなく、神の永遠の愛に対して私たちが確信している大胆な信仰のゆえである。私たちは始めから死を視野に入れている。死は驚きとして、私たちのもとに突然やって来るのではない。死はまさに私たちがそれに備え、それに参与するために人生を費やしているようなものであり、アウグスティヌスがある説教の中で語っている通りである。

> 医者が病気を調べていてそれが致命的であると確信すると、彼らはこのように宣告する。「彼は死ぬ。彼はこの病気から回復することはない」。人の誕生の瞬間から、「彼はこれから回復することはない」と言われているのかもしれない。
>
> （説教47, 3；NPNF Ⅵ：412）

　私たちキリスト者は神に独自の希望を抱いているので、死について独自の現実主義を抱くことができる。

死に関して教会が過去に行った扱い方について

　教会の牧会的諸式がいくつもある中で、初期のキリスト教が行っていた埋葬に関する習慣については、ほとんど情報がない。葬儀、あるいは葬儀に類することがらについて、新約聖書は触れていない。三世紀に書かれたキリスト教の埋葬についての記述によると、異教の埋葬習慣をいくつか継承していることがわかる。たとえば、死者のための最後の食事、体を洗い、服を着せる行為、墓地への行列、葬儀の式辞、そしてその後、日を定めて持たれる死者の追悼である。異教から継承したこれらの習慣を受け継ぎながら、初期のキリスト者はいくつか特徴となる変更を行ったようである。聖餐式が墓地でしばしば守られ、埋葬前に遺体に平和の接吻をし、勝利のしるしとして白い衣服が着せられ、賛美の歌や詩編が歌われるようになり、これらが異教から引き継いで習慣的に守ってきた黒い装束と嘆きに満ちた葬送歌に取って代わったのである。

　初期のキリスト者は、死をしばしば「天の誕生日」と呼んでいるが、それはキリスト者が永遠へと生まれるために死ぬことを意味した。白の装束、賛美の歌、これらの葬儀の礼拝を守る喜びは、陰気な異教の習慣とはまったく

対照的であったにちがいない。信仰を持ち続けて亡くなったキリスト者は勝利者として、良き闘いを戦いぬき、今や神の永遠の臨在のもとに輝かしく生まれた者として扱われた。

　中世の時代、キリスト者の葬儀の習慣は、勝利から恐れへと変わった。地獄、煉獄、審判など、中世の教会がとりつかれていた思想に対応して、死にまつわる礼拝は色付けされた。死は、勝利への一歩としてではなく、最後の精算、最後の審判への序章として見られていた。中世の教会が洗礼、聖餐そして多くの牧会的諸式を扱う時にはこれが典型であったので、中世の葬儀の習慣も個人的な罪と赦し、そしてその人の魂の状態に関心があった。

　宗教改革の諸教会は、中世の葬儀が持っていた悲嘆という性格と、亡くなった人の魂の状態についての執着とルターが言うところの「死者のために行われるまやかし（Hocus-pocus）」に反対しながらも、希望と慰めに特別に焦点を置く葬儀のあり方を取り戻すことができなかった。おそらく中世の葬儀に関する習慣に反対するがゆえに、宗教改革者たちのほとんどが新しい葬儀の形を作ることをしなかったのである。ルターは希望と慰めを歌う賛美歌を重んじ、葬儀の場で説教として語られる言葉に重点を置いたが、埋葬儀礼については何も残していない。同様に、改革派教会は葬儀の説教に強調点を置くが、すべての葬儀の礼拝と象徴的行為については疑念を抱いている。改革派の埋葬の礼拝は、主に聖書朗読と説教によって構成される傾向がある（それは往々にして、故人に関して人々から伝え聞く徳性をほめあげる弔辞か、人々から伝え聞く悪徳について非難する咎めの言葉に堕してしまうこともあった）。英国国教会は葬儀と埋葬の儀式を多少なりとも発展させてきたが、埋葬にあたって儀式は最小限に抑え、会衆はまったく参加しない傾向があった。

　現代の私たちの教会で行われている葬儀の習慣は、死に関して過去に行ってきた扱い方の不十分さを数多く継承している。私たちの行うほとんどの葬儀は陰気で、悲嘆に満ちた、堅固なキリスト教的確信という点において、あるいはまた信徒の共同的参与の感覚という点において、弱々しいものとなってしまっている。不幸なことに、その結果、現代における私たちの葬儀はキリスト教的というよりは異教的である。私たちの礼拝が死の神秘についてはとんど語っていないせいで、私たち現代人は必然的にその神秘についてあまりにも多くを語り、あまりにも多くを知ることを求め、またあまりにも無益に思いめぐらさずにはいられなくなっている。結果として、死に際して教会

が行う適切な牧会は、あらゆる非キリスト教的な付加物によって、しばしば曖昧にされてきたのである。教会の福音は花、弔辞、詩、そして過剰な出費によって覆われてしまった。

　新しい葬儀の礼拝は、死に関して初期の教会が行ってきた扱い方の中から、いくつかの肯定的な要素を取り戻そうとしている。これらの新しい礼拝式の中で聖書朗読は卓越した位置を占めているが、他方、そこには、神の民全体が死に直面して自分たちの信じていることを確認するために、また遺された兄弟姉妹への牧会に参与するために、サクラメンタルであると共に会衆参与の機会となるものがより多く含まれている。それゆえこれらの新しい礼拝式は、死に際してのキリスト教の牧会に二つの焦点が置かれることを認めている。すなわち、死に際して神の愛を宣言し指し示すこと、そして故人を神の恵みに委ねることである。

　第一に、キリスト教の葬儀は教会に対して、信仰を宣言し指し示すすばらしい機会を提供する。それは私たちが抱き続け、死に際しては私たちを抱いてくれる信仰である。私たちの葬儀の儀礼は礼拝式であって、たんに遺体を始末する実用的な機会ではなく、一人一人の嘆きに対する配慮の機会というだけでもない。キリスト教のどの礼拝でも同じであるが、死に関して私たちが礼拝で行う応答の焦点は神の上に置かれる。生においてと同様に、死においても神の愛と恵みは私たちの希望である——私たちの良き生活や良き行いが希望なのではない。

　死をめぐる様々な公式または非公式な儀式を通して、教会は言葉とサクラメントにおいて私たちの希望に語りかけなければならない。私たちの希望は、私たちが何ものであるか、また私たちが何を行ってきたかに土台を置くのではなく、私たちの生涯の中で、日々、神が行ってくださったことの経験に土台を置く。復活は、死に際して私たちが語る神学的証言の中核である。神がイエスを三日目によみがえらせたように、私たちもまた、その喜ばしい贈り物に与ることを告げ知らせるのである。

　それはまさしく贈り物である。私たちは魂の不死という、高尚な異教の神話を信じているのではない。不死は人間の特徴ではないし、人間の本質の一部といったものでもない。詩編の作者が言うように、「私たちの日々は草のよう。朝には栄え、夕には枯れる」。永遠の命は、何か人間が到達するところのものではなく、内在的に人間が所有しているものでもない。それは贈り

物であり、永遠の神が贈ってくださる驚くべき、恵み深い贈り物である。その神は私たちの命が営まれている一日一日において私たちを愛し、生においても死においても私たちを愛し、そのようにして永遠に私たちを愛してくださる方である。

　復活は神の力強い御業であり、贈り物であり、神が私たちの内において行う最後の再創造である。私たちはその再創造によって神の像を私たちの内に永遠に抱くのにふさわしい者とされるのである。死が訪れる時、私たちにはこの他の証言はなく、これ以外に他の慰めは存在しない。

死を迎えた時の牧会

　死が近づいている時、最後の一息が近い時、愛する人々が彼らの愛する者の死が近いと悟った時に、教会はその牧会の働きを始める。可能な状況であれば、教会は、死の瞬間に至るはるか以前から、人々が死に備えるための生涯にわたる継続的な働きかけを行うと共に、病者のための諸式（第14章）を通して、こうした牧会に関与すべきである。

《例》

　『祈祷書』に記された「臨終に際しての牧会の礼拝」と、『礼拝書』に記された「死にゆく人への牧会のための礼拝」（166ページ）は、死が迫っている時に、死にゆく人と親しく歩んだすべての人に対する牧会を意図して書かれている。こうした式を執り行うことがもし可能であれば、それは避けることのできない生から死への移行の始まりとして、とりわけ重要である。不慮の死が襲った時には、共同体の中での生から死への移行を完結するために、たとえば墓標を置くような、何らかの儀式が必要である。

　理念的には、嘆きの中にある人々に対して共同で行う配慮の過程において、中心的な集いとなるものが葬儀である。配慮に満ちた教会では、死を迎えた時に自ずと生じる公式・非公式の一連の儀式が存在する。葬儀の礼拝が行われる前に行われる、昔から守られてきた習慣のひとつに「前夜の祈り（vigil）」がある。「前夜の祈り」は葬儀の前に家か教会で執り行われる。これは家族や友人が集まって、故人についての思いや気持ちを分かち合い始める時である。ふさわしい詩編、聖書朗読、そして祈祷が行われる（埋葬の儀式でも同様）。儀式のセッティング、形式、長さは、地域の伝統などの状況によって

決められるのが最善である。

　葬儀の場で行われる礼拝は、通常次のような礼拝の項目を含んでいる。祈祷、賛美と聖歌、詩編歌、聖書朗読、説教、祈祷、そして聖餐式である。この礼拝のために最もふさわしい場所は教会である。遺体は目の前に安置され、死という出来事の可視的で触れることのできるしるしとなるべきである。これは追憶と、宣言と祈りの時である。

　最後に埋葬という行為がある。亡くなった人を大地に、あるいはどこであれ遺体の最終的な安らぎの場に収め、愛する兄弟姉妹を神の愛と恵みの内に委ねるのである。埋葬の行為は、この死の現実性、人生が終結した事実、そしてまたこの人を私たちに与えた神に戻すことに伴う希望を、目に見えるかたちで象徴的に表現する宣言である。

　一般的に言って、死者の埋葬は教会の礼拝の中で、形式的に最も自由なもののひとつである。会衆の置かれている文化的文脈、地域の習慣、あるいは死の個別の状況にふさわしくなるように、ほとんどの礼拝書は牧師と会衆が礼拝に補足し、適合し、手を加えることに関して、かなりの幅を持たせている。これが意味するのは、死を迎えた時と死者の埋葬に関する牧会では、教会で行われる多くの他の礼拝と比べて、礼拝における規範と細かい指示がより少ないという現実に私たちが直面するということである。

　死と埋葬に関する多くの礼拝が持つこの自由さと状況への適合性は、葬儀の礼拝において最優先されるべき課題と関わっている。キリスト教の埋葬の礼拝の第一の目的は遺族を慰めることに仕えるものである。葬儀の場に教会として私たちが集まる時、私たちは一般的な死と復活ではなく、私たちが知っていて愛してきた特定の人の特定の死に焦点を当てるために集うのである。私たちの中には、時として長々しい弔辞や故人に関する曖昧な徳や悪徳に対する評価に堕してしまうこともあるような古くからの葬儀のあり方に反発し、これに換えて、個人的なことがらと関わりなく普遍的で超然とした葬儀を行い、故人や深刻な悲嘆の危機の中にある残された人々について触れないように注意を払うという人々も存在する。しかしこれは神学的に問題があり、牧会的にも無神経である。私たちは死に際して、教会の言葉を全教会に宣言するために集まっているだけではなく、私たちの間で、今、人生における特定の危機の中を歩んでいる人々に対する、特定の、さらには個人的な言葉を宣言するためにも集っているのである。私たちが名前を挙げて呼ぶのは、亡く

なって今や聖人の中に名前が連ねられるべき、キリストにある特定の兄弟あるいは姉妹である。

　またこのことが意味するのは、私たちが死への応答としての礼拝を行う中で、一定のフレキシビリティを許容する必要があるということでもある。家族は礼拝の内容に様々な要望を持っているかもしれない。礼拝の計画者と教会の指導者は、キリスト教の葬儀にとって一般的に適切なことと不適切なことを示すガイドラインを熟慮しつつ提示しなければならない。その際、死と埋葬に関する礼拝において、嘆きの中にある家族や友人がこの危機を切り抜けるために必要なことを拒むような制限を設けないようにすべきである。

　心理学者が私たちに思い起こさせてくれるのは、悲嘆は作業を、つまり「グリーフ・ワーク」を要求するということである。それはしばしば痛みを伴うが、絶対に必要である。人々は死に対して異なった仕方で応答するが、それらは人間の最も深い感情や信仰を深みから表現するものである。私たちはこれらの応答にレッテルを貼ったり裁いたりしないように注意し、あるいは、愛する者の死が引き起こす無数の考えや感情を表現したいという人々のニーズを制限しないように注意すべきである。パウロが述べるように、私たちは「希望を持たない者のように嘆く」ことはないかもしれないが、しかしなお「嘆く」のである。死の応答としての教会の礼拝は、人々に悲嘆の場と自由を与えるべきである。

　同時に、悲嘆の中にある家族と友人への牧会や、家族と友人のニーズと願いを認識し、それに応答することだけが、私たちの唯一の関心事ではない。死と埋葬についてキリスト教の礼拝が持つ第二の目的と、私たちが死と埋葬の礼拝の計画を立て評価を下すための第二の基準は、死と埋葬の礼拝は教会の礼拝であるということである。

　この本の最初でも述べたように、どの礼拝においても、私たちが集まる目的はただたんに人々のために何かをすることではなく、ましてや人々のために何かすばらしいことをすることでもない。私たちは神と共にいるために集まるのである。死は、人生における最も困難であると共に最も美しい時のひとつにおいて、神と共にいるというすばらしい機会を教会に提供してくれる。このことが告げるのは、私たちが死をめぐって礼拝の場でなすべき応答を検討する時、教会で共にささげるどの礼拝にも適用されるのと同じ基準を当てはめることができるということである。「その礼拝は聖書に基づいている

か？」「会衆の共同的で、積極的参与の十分な機会があるか？」「サクラメントを通じた神の自己贈与を取り上げているか？」「教会の教えと証言を、ライフサイクルのこの時点において、忠実に表現しているか？」「この経験は、教会暦の今の期節に関係しているか？」きっと、他にもいろいろ思いつくであろう。

　神学的にも聖書的にも揺るぎない十全な礼拝という基準に立って判断するならば、私たちが伝統的に行ってきた葬儀の多くは嘆かわしいほどに不適切なものである。時として教会は、「牧会的」であろうとするがために進むべき方向を誤り、嘆きの中にある家族のニーズと願いに対する配慮において、私たちが与えるべきではない偽りの慰めと偽りの希望を、人々に与えてきた。あるいはまた、教会の真正の証言と適切な言葉を、異教からのおびただしい付加物——花、贅沢さ、壮麗さ、感傷など——で窒息させてきた。葬儀において私たちは愛において真実を語らなければならないが、私たちが本当に真実を語っているかどうかを確かめるために、自らを検証しなければならない。

　上述した死と埋葬に関する礼拝における二つの目的は時に衝突し、時にバランスを取るのが難しい規範であるが、このことを心に留めつつ、これらの礼拝に関わる具体的な教育的方策を見てみよう。

死と死者の埋葬に向けた信仰教育

　愛する人の死が往々にして人々の中に引き起こす大きな心の傷と混乱のゆえに、臨終の時は遺族のために行われる礼拝への参与の準備の時としては明らかに最善とは言えない。死と埋葬における牧会に参与する準備は、継続的で途切れることのない共同体の牧会的な関心事でなければならない。

　死を継続的に扱っていないキリスト教共同体は存在しない。特定の人物の死という出来事に関わっていない時にも、死は常に教会のひとつの関心事である。共同体で共に送る生の中で与えられるいついかなる時であっても、たとえ私たちがその時に痛みを伴う特定の悲嘆の危機に関わっていないとしても、私たちは悲嘆に関わり続けている。人々はやがて起こるであろう別離に際して助けとなるようなてがかり、ガイドライン、意味、そして儀式を探し求めながら、将来経験するであろう悲嘆に備える。また、過去の悲嘆に対処する助けとなるようなてがかり、ガイドライン、意味、そして儀式を求めながら、過去の悲嘆に立ち向かおうとする人々もいる。

　この共同体で行う「グリーフ・ワーク」の継続的な性格が私たちに思い起こさせるのは次のことである。葬儀と埋葬前後の行為における牧会的な焦点は、今起きている悲嘆の危機を歩みつつある特定の嘆きの中にある家族だけに置かれているわけではない。私たちは全会衆の過去と将来にわたる「グリーフ・ワーク」にも焦点を置いているのである。

　葬儀は誰のためにあるのか。それは私たちすべてのためである。全教会のためである。それゆえにキリスト教教育に携わる者がキリスト者に、死に際して教会が行う教育に参与できるように準備させる時、また私たちが死に関する礼拝を計画する時、私たちは教会全体のための計画と教育を行っているのだということを心に留めたいものである。私たちは第一に、特定の嘆きの中にある家族に対する牧会へと召されているが、この家族に対してだけ召されているわけではない。私たちは神の全家族に向けた牧会をするのである。礼拝の中で私たちは嘆きの中にある特定の家族の思い出、事実の確認、そして思いを取り上げることを望んでいるが、私たちはこの家族に対してだけそうしたことを望んでいるわけではない。私たちは教会全体の思い出、事実の確認、そして証しを取り上げるのである。

　死への応答としての礼拝に向けた信仰教育で私たちが取る方策は、死に際しての教会のこうした二重の焦点を継承するものでなければならない。私たちは、愛する人が死んだ時に人々が必要とするような、まさに私的で人格的で真心のこもった行為を人々が行えることを願う。しかしまた、死に際して教会が行う必要があることを、教会全体で行えることも願う。

　死という出来事が起きる前に、死に焦点を合わせるように援助することによって、私たちは一人一人が死をめぐる私たちの牧会に参与するための準備を助けることができる。このことに関してはしばしば多くの混乱と誤った情報が広がっているので、牧師は死についての説教を定期的に行うのが賢明であろう。説教の中で、説教者は死と復活に関するキリスト教的信仰についてはっきり解き明かすことができる。牧師は異教で信じられている魂の不死と、体のよみがえりに関するキリスト教の確信を対比したいと願う。そのような時に牧師は会衆が次のことを思い起こすように願うかもしれない。すなわち牧師はまことの「葬儀のディレクター」であり、死の時に呼ばれる最初の人、葬儀全般の流れを整えるにあたって相談する人、そして教会の中で葬儀について計画したり考えたりするための情報を与えてくれる最善の人であるとい

うことを。

　死についての説教と教えにおいて、牧師は会衆のもとに、世界の大多数の人がそれを忌避するために生涯の大半を費やしている問題について、キリスト者はあえてそれを語る勇気を持つのだという感覚を持ち込むのである。私たちは死を否定する必要はない。それと言うのも私たちは最後の敵の面前で語るべき言葉を持っているからだ。

　いくつかの教会では「葬儀ファイル」が有益な役割を果たすことを発見した。教会の一人一人のメンバーに印刷された専用の用紙を配り、自分の葬儀のための具体的な要望や計画について記入してもらうのである。これは人々が自分の死について考えることができるようにする良い方法であり、また人々が彼らの愛した人にしてやることのできる優しく愛情のこもった具体的内容にもなりうる。「彼はこのようにしてほしかった」という願いを知ることで、家族は死を迎えた時にくだすことになる多くの困難な決定から解放される。

　教会が持っている死についての考えをまとめた文書は、死と埋葬の礼拝のためのガイドラインと並び、礼拝委員会にとって不可欠の文書となる。そのようなガイドラインは、死と埋葬に関する適切な振る舞い、その選択肢、儀式理解について、すべての人を教育するのに役立つことになる。

　葬儀は可能な限り教会の大多数の人々が出席できる時に行われるべきである。会衆が葬儀の場に存在し参加することは、悲嘆の中にある家族にとって大きな助けと慰めとなるだけではなく、前にも述べたように会衆が将来経験する悲嘆に備え、過去の悲嘆に立ち向かうための手段ともなる。他の礼拝と同様に、この礼拝に私たちが参加するたびに、礼拝を通して私たちが学んでいるということを決して忘れてはならない。

　どの通過儀礼の場合でも同じであるが、死と埋葬のための儀式は、三つの部分に分けられる。分離、移行、復帰である。共同体と悲嘆の中にある人たちを、この流れの過程におけるどの部分であっても適切に関わらせることができなかった場合、悲嘆の中にある人がこの過程を通して前に進むのを妨げてしまう可能性がある。

　会衆あるいは礼拝委員会が死に関連する儀式を評価する際、通過儀礼のモデルを用いることは有益である。これは死を迎えて行われるすべての行為を単純に列挙することで可能となる。ある教会の分析は次のようであった。

分　離

悲嘆の中にある人々は共同体の他の人々から隔てられているため、共同体による配慮の対象になる。

インフォーマルな諸儀式　（式文によらないもの）

葬儀場に遺体が運ばれる。家族の日常の流れが止まる。玄関に花が飾られる。

フォーマルな諸儀式　（式文によるもの）

オルター・ギルド（祭壇奉仕者）が葬儀の準備をする。

移　行

中間の時。新しい生の状態に向けた教育、考察、準備の時期。

教会の人々によって遺族と友人のための食べ物が運ばれる。
棺前の祈祷（wake）あるいは前夜式（vigil）。死と埋葬の礼拝のための諸準備と計画。新聞紙上に死亡広告が掲載される。家族や友人による訪問。葬儀場での遺体との対面。

家で行われる前夜式。教会で行われる告別式。
墓地で行われる埋葬式。

復　帰

悲嘆の中にある家族が共同体に戻って来る。

牧師は遺族の家を、訪問し様子を伺う。友人は継続的に心に留めて見守る。経済的なことがらの確認。

翌週の日曜日に守られる教会の礼拝で、逝去者と遺族のために祈りが

　　ささげられる。

　　死と葬儀に関する実際の礼拝は、分離、移行、復帰の全過程を繰り返し、そしてまとめあげていく。共同でささげる礼拝における、フォーマルな公の儀式が共同体と悲嘆の中にある家族にとって「有効」であるかどうかは、インフォーマルな礼拝前の儀式がすべて執り行われたかどうかにかかっている。葬儀の前後に私たちが行うことは、それゆえに重要な意味を持つのである。

《例》
　　死に際しての牧会となる礼拝が、死に直面している人たちや、その人に最も近い人たちと共に守られる時のことを考えたい。たとえば末期の癌患者や筋ジストロフィーや心臓の病気などで人生の最終段階にある人たちが一緒に礼拝を守る場合、それが家族のために行われる小グループでの信仰教育の機会になることは言うまでもないが、死にゆく人自身にとっても死に向けた準備をし、死に関して思うことを話し質問を投げかけるような、個人的信仰教育はきわめて役に立つことがある。私たちは死から隠れようとする傾向がある。どの教会も、いかなる時でも、最終段階の病気を抱える人たちがいるものである。似たような死に立ち会ったことのある人たちによって導かれて、家族と共に与る信仰教育は、きわめて重要なものとなるであろう。

死と埋葬の礼拝に関するルブリク

　　前夜式は、死に対する応答としての礼拝の中でも、多くの教会で無視されてきた部分である。これは不幸なことである。なぜならこの式は、葬儀への備えとして、とりわけ個々人にとって重要な時となりうるからである。前夜式は家か教会で葬儀の前日の夕方に執り行われる。祈祷、聖書朗読、そして詩編や歌が式の中に取り入れられる。時として、もし家族が葬儀の礼拝に関して特別な要望がある場合、たとえば故人が好きだった賛美歌、詩、あるいは何か特定の文章を家族が聞きたいのであれば、前夜式は葬儀よりもそれを行うのにふさわしい。というのも葬儀の礼拝は共同でささげる公の礼拝行為だからである。前夜式は故人の思い出を振り返り、その生涯についての記憶の中で楽しいエピソードを語るなど、一般的には、私たちが知り愛した人の

人生を祝いたたえるすばらしい時となりうるのである。

　死と埋葬の礼拝は、その礼拝を守る前にすでに多くのことが生起しているという事実を前提として計画され、執り行われる。賛美歌、交唱形式の祈祷、信仰告白、そして共同の礼拝で行われるその他の行為といった会衆による応答を用いることを通して、会衆の臨席と参与が奨励される。その礼拝の形式や雰囲気はできる限り典型的な日曜日の礼拝によく似ているものとすべきである。これによって葬儀は神をたたえる礼拝であるという考えを人々の中にしっかりと植えつける助けとなる。それは何か通常行われるキリスト教の礼拝とは違ったところに焦点が置かれるような、なじみのない特別な体験ではない。

　私たちはこの礼拝が、死に直面した時の教会の歴史的証言として、過不足のない宣言となることを願う一方で、ある程度は個人的な性格を持つものとなることを求めている。合同メソジスト教会は、その「死と復活に関する新しい礼拝」の中で、説教後、教会員たちが故人の生涯を覚えて感謝の辞を短く述べてもよいと示唆している。

　私たちの多くは死と埋葬の礼拝における象徴と所作の役割にもっと注意を払う必要がある。悲嘆の出来事に直面している間、私たちの感情や行為は、たいていの場合、言葉以上に私たちにとってのニーズを表現する。私たちはただ話し合うだけでなく、行為としてなされるべき「グリーフ・ワーク」のことを語っているのである。にもかかわらず、私たちが受け継いできた葬儀の礼拝の多くはほぼ言葉だけから成り立っていて、象徴も所作もない。誰でも悲嘆をくぐり抜けてきた人が体験的に語っていることとして、死という出来事に直面している間、肩にあたたかい手がのせられるだけで、死をめぐるいくつもの説教が語られるよりも心に沁みることがある。

　また、私たちが行う礼拝の中で用いられる象徴の果たす役割を検証する必要がある。かつて行われていた葬儀の習慣は、フォーマル・インフォーマルに私たちが執り行う葬送の儀式から排除されてしまっている。悲嘆の時を過ごす人々のニーズについて、私たちが知ることがらに照らしつつ、それらをもう一度検証する必要がある。たとえば、友人たちが遺体を整える作業、棺の組み立て、埋葬布の作製、教会の中へ、そして教会から外へ実際に棺を運ぶ人々（葬儀屋が棺をカートに乗せて移動させる後に続いて歩くのではなく）、棺布の使用、墓に納めたあとで棺に土をかける行為、棺を実際に土で覆う作

業——これらはすべて、目に見え、知覚でとらえることのできる、癒しの効果を持った方法となることができ、死と関連したニーズを人々が満たす助けとなる。

　礼拝という〔神からの〕贈り物を通して、母の胎から墓場へと進んできたライフサイクルは、このように終了する。ライフサイクルは神が共にいてくださることで支えられ、神の民とその儀式によって経験され、サクラメントを通して神が自らを与えてくださることで養われる。このすべてを神が私たちのために、恵みによって行ってくださる。神はただひとつの良き目的をもって、私たちを養い、訓練し、愛をこめてご自分の姿を、今、ここで、この世の生の中で私たちの内に形づくられる。そしてまた神は来るべき命の中で永遠に私たちを愛してくださるであろう。

　聖公会の『祈祷書』の中には死者の埋葬のための儀式の項目があり、埋葬を行う際の聖歌(アンセム)に次のような言葉がある。

　　父がわたしに与えてくださる者は皆、わたしに来るであろう。そしてわたしに来る者を決して拒みはしない。

　　キリスト・イエスを死人の中からよみがえらせた方は、あなたがたの内に宿っているみ霊によって、あなたがたの死ぬべき体をも、生かしてくださるであろう。

　　このゆえに、わたしの心は楽しみ、わたしの魂は喜ぶ。わたしの身もまた安らかである。

　　あなたは命の道をわたしに示される。あなたの前には満ち溢れる喜びがあり、あなたの右には、永遠にもろもろの楽しみがある。
　　　　　　　〔日本聖公会『祈祷書』2004 年改訂第 1 版、368 ページから引用〕

　そして地上の教会の中で営まれる私たちの人生が終わりに近づく時、私たちは天上の合唱に囲まれて私たちの永遠の命が始まることを思い起こす。地上における救いの実現と神の支配を望みながら、私たちがいつも共に神に目を向けられますように。そして地上に残る私たちが、使徒の教えと交わり

において、パン裂きにおいて、そして祈りにおいて、洗礼の際に私たちが交わした契約が継続していることを、いつも決して忘れることがありませんように。悪に抵抗する時には忍耐し、罪に陥る時にはいつでもその都度悔い改めて主に立ち帰ることができますように。具体的な内容を伴う言葉によって、キリストにおける神の福音を告げ知らせる者でありますように。自分自身のように隣人を愛し、すべての人の間でキリストに仕える生き方を求める者でありますように。そしてすべての人々の間で正義と平和を求め、一人一人の人間の尊厳に敬意を抱くことができますように。これらのことを私たちが決して忘れることがありませんように。さらにまた私たちは次のように祈る。聖化に向かって進む信仰共同体の巡礼の旅路において、私たちの礼拝と信仰教育の営みが誠実なものとなるように。そのために今、復活の命を生きている人々の助けを受けることができますように。

訳者あとがき

　本書は *Liturgy and Learning Through the Life Cycle* (Revised Edition) Third Printing – June 2002 の翻訳である。著者は John H. Westerhoff III と William H. Willimon という、キリスト教教育と実践神学の分野で日本でも翻訳が出されている学者であり実践家の両名である。目指すところは、本の題名からもわかるように、ライフサイクルの中で経験する出来事を、礼拝を通して信仰的に深めることである。洗礼、聖餐、教会暦、祈り、といった伝統的な項目を取り上げる一方で、離婚、引越し、引退など、現代社会で多くの人が経験することがらも取り上げて、礼拝と信仰教育の可能性を探っている。そのいくつかは合同メソジスト教会で現在使用されている *Book of Worship*（『礼拝書』）の中に採用されているものもあり、それらの解説書的な意味も含まれている。日本の教会でも礼拝の様々な可能性が模索されているが、その一助となる一冊であることは間違いない。Westerhoff の聖公会、Willimon のメソジスト教会の背景を念頭に置いて、読者が自分の置かれた教派的、社会的状況にふさわしく新たな礼拝を作り出すなら、本書の目的は達成されたと言うことができよう。

　翻訳の担当は、序〜 3 章が越川先生、4 〜 15 章が荒井である。訳出にあたって、catechesis という言葉を「信仰教育」と訳した。catechesis は文書形式のカテキズムも含むが、歴史的には対話的に教育を施す在り方を指す。しかし宗教改革以来、「カテーケーシス」と文書としての「カテキズム」がほぼ一致しているため、誤解を招かないように「信仰教育」とした次第である。また baptism は「バプテスマ」ではなく、「洗礼」と訳した。本来は「バプテスマ」と訳した方が適切であるが、日本のキリスト教界、また教会外の社会の中で使い慣れている方を選択した。原文の liturgy、worship、service、rite、ritual を、文脈に合わせて「礼拝」と訳した。本書で liturgy は礼拝の諸要素がすべて含まれた礼拝を、worship は礼拝行為を、また service は礼拝一般を意味すると思われる箇所が多く見られる。また rite は個別の儀式、あ

るいは儀礼を、そして ritual は一連の流れを持つ儀礼、儀式を指す場合がある。これらを訳し分けることで訳文が複雑化するのを避け、「礼拝」と訳すことで意味が通る場合は通常の訳にとらわれずに「礼拝」とした。また、eucharist はパンとブドウ酒を分かち合う式だけではなく、礼拝全体をユーカリストと呼んでいると考えられる場合があり、日本聖公会の祈祷書では礼拝全体を「聖餐式」と位置づけていることから「聖餐」と訳した。

　越川先生から本書の翻訳に誘われて、長い年月が経過した。大幅な訳出遅れの理由は、私の両親と兄が 2014 年から 15 年にかけて 9 か月の間に続けて亡くなり、事後処理に時間とエネルギーを取られたためである。とにかく下訳を出すことだけを考えて、ここまでたどり着くことができた。その間、越川先生には忍耐を強いてしまったことを申し訳なく思う次第である。また越川先生には訳文を整えていただき、日本語として読める文章になるよう、多くの有益なサジェスチョンをいただいたことに感謝の意を表したい。

　また訳文がほぼ完成した段階で、長年、聖公会で婦人教職として、牧師夫人として、また信徒として宣教を担ってきた義母が急に天に召された。遺志により「納骨」に加えて「海洋散骨」を行うことになった。散骨の式文が見当たらないので、埋葬に関する式文を参考にしながら式を整えた。しかし再考すべき点が多々あるので、これを本書の 15 章の付録、あるいは「16 章」として書き加えるのが個人的課題となっている。この他にも本書では取り扱われていないものの、ライフサイクルで礼拝として扱うことが望ましい事項（コロナ下での家族葬のあり方など）もあろう。是非、公にして多くの方々が神の恵みを知る機会としていただきたい。

　本書の完成にあたっては、出版局の編集者の方々の御尽力があったことを、感謝をもって報告をしたい。また、この訳書を長年日本のキリスト教教育に携わり、私たちを導いてくださった今橋 朗牧師、岩村信二牧師に感謝をもってささげたい。

翻訳者を代表して
荒井 仁

荒井 仁 あらい・じん

1962 年横浜生まれ。同志社大学大学院、アンドーヴァー・ニュートン神学校修了（D.Min.）。現在、日本基督教団紅葉坂教会牧師。桜美林大学非常勤講師。

著書 『キリスト教教育事典』（共編著、日本キリスト教団出版局）。**共訳書** J. F. ホワイト『プロテスタント教会の礼拝』（越川弘英監訳、日本キリスト教団出版局）。

越川弘英 こしかわ・ひろひで

1958 年東京生まれ。同志社大学神学部、シカゴ神学校（CTS）を卒業後、日本基督教団中目黒教会、巣鴨ときわ教会で牧会。2002 年より同志社大学キリスト教文化センター教員として現在に至る。

主な著書 『信仰生活の手引き 礼拝』（日本キリスト教団出版局）、『旧約聖書の学び』『新約聖書の学び』『キリスト教史の学び 上下』（以上キリスト新聞社）。**主な訳書** チャールズ・V. ガーキン『牧会学入門』、E. H. ピーターソン『牧会者の神学』、J. F. ホワイト『キリスト教の礼拝』『キリスト教礼拝の歴史』（以上日本キリスト教団出版局）、W. ウィリモン『牧会としての礼拝』『言葉と水とワインとパン』（以上新教出版社）。**共監修書** 『キリスト教礼拝・礼拝学事典』（日本キリスト教団出版局）。**監訳書** J. F. ホワイト『プロテスタント教会の礼拝』（日本キリスト教団出版局）。

ジョン・H. ウェスターホフ
ウィリアム・H. ウィリモン

ライフサイクルと信仰の成長
礼拝と教会教育を通して

2023 年 1 月 25 日　初版発行　　Ⓒ 荒井 仁・越川弘英　2023

訳　者　荒井　仁、越川弘英
発　行　日本キリスト教団出版局
〒 169-0051　東京都新宿区西早稲田 2-3-18
電話・営業 03（3204）0422、編集 03（3204）0424
https://bp-uccj.jp

印刷・製本　河北印刷

ISBN 978-4-8184-1090-9　C0016　**日キ販**
Printed in Japan

日本キリスト教団出版局

キリスト教礼拝の歴史

J. F. ホワイト：著
越川弘英：訳

なぜ礼拝は、多様なかたちをとってきたのか。カトリック教会と 9 つのプロテスタント教会に至るキリスト教 2000 年の広がりと多様な文化に適応した礼拝伝統の展開を見る。

5,200 円

キリスト教の礼拝

J. F. ホワイト：著
越川弘英：訳

キリスト教の生命の源泉である礼拝を、どのように守るか。時間的・空間的構造、御言葉の礼拝、ユーカリストなど礼拝学の基本を歴史的、神学的、牧会的に考察する。

6,500 円

プロテスタント教会の礼拝
その伝統と展開

J. F. ホワイト：著　越川弘英：監訳
荒井　仁／後藤正敏 他：訳

カトリック教会の礼拝伝統をふまえ、9 つのプロテスタント礼拝の多様な伝統の流れを詳細に叙述。歴史に学ぶと共に、教会および礼拝の現状と課題を明らかにし、新しい礼拝の可能性を論じる。

5,800 円

礼拝とは何か

J. E. バークハート：著
越川弘英：訳

礼拝が具体的なものになることによって、キリスト者の生活は刷新される。礼拝を実生活と切り離して考える信徒が多い中、礼拝は実生活のリハーサル、キリスト者の生活のモデルであると説く。

3,800 円

初期キリスト教の礼拝
その概念と実践

ポール・F. ブラッドショー：著
荒瀬牧彦：訳

最初の数世紀に、キリスト者たちはどのような儀式を、なぜおこなったのか。「入信儀礼」「ユーカリスト」「典礼の時間」について考察し、時代背景と地域性から、その起源と展開を探る。

2,500 円

キリスト教教育事典

今橋　朗／奥田和弘：監修
荒井　仁／古谷正仁：編集

キリスト教は教育を通して世界に大きな影響を与え続けてきた。幼児・学校教育にとどまらず、教会での信徒教育や伝道、生涯教育、さらに現代日本の教育の現状と課題など、「教育」一般の諸問題 166 項目を詳述する。

6,800 円

価格は本体価格。重版の際に変わることがあります。